KB167130

전쟁의 심리학

차례
Contents

전쟁과 심리전

전쟁이란 무엇인가?

　제2차 세계대전을 지나 평화의 기틀이 마련된 이후에도 6
·25전쟁, 베트남전쟁, 중동전쟁, 포클랜드전쟁, 걸프전쟁, 아
프간전쟁, 코소보전쟁, 이라크전쟁 등이 일어났고, 지금도 지
구 곳곳에서 민족 간 내란이나 국가 간 전쟁은 계속되고 있
다. 제2차 세계대전이 종료된 1945년 이후부터 2010년까지
168회의 전쟁이 발발하였는데, 이는 3,360주 중에서 단 6주
만 제외하고 전쟁이나 내란이 끊이지 않았다는 것을 말한다.
　전쟁은 인류 역사와 더불어 시작되었고, 세계 역사는 곧

전쟁사라고 해도 과언이 아닐 정도로 전쟁의 연속이었다. 전쟁은 인간의 생사와 국가존망이 걸린 문제인 데 왜 이렇게 자주 일어나며 끊이지 않을까?

전쟁이란 무엇일까? 군사영어사전에는 전쟁을 "상호 대립하는 2개 이상의 국가와 이에 준하는 집단 사이에 군사력을 비롯한 각종수단을 행사하여 자국의 의사를 상대국에 강요하려는 행위 또는 그러한 행태"로 정의한다. 따라서 전쟁은 군사적 측면인 무력투쟁뿐만 아니라, 비군사적 측면인 정치·외교·경제·심리·사상 및 과학기술 등 국가의 역량도 중요한 위치를 차지하게 되었다.

전쟁은 확대된 양자 결투다. 양자는 물리적 폭력으로 상대방에게 자신의 의지를 강요한다. 이들의 당면 목적은 상대를 타도하는 것으로, 어떤 저항도 불가능하게 하는 데 있다. 그러므로 전쟁은 상대에게 우리의 의지를 강요하는 폭력행동이다. 즉 물리적 폭력은 전쟁의 수단이고, 상대에게 우리의 의지를 강요하는 것은 전쟁의 목적이다.

근대 전략가인 프러시아의 클라우제비츠는 "전쟁은 정치 목적달성의 수단이며 정치의 연장이고, 정치를 동반하지 않는 전쟁은 무가치한 것이다"[1]라고 했다. 때문에 인류가 생존하고 정치가 생존하는 한 지구 상에서 전쟁은 불가피한 것이며, 우리는 항상 전쟁의 위협 속에서 생활할 수밖에 없다.

이러한 관점에서 냉엄한 국제정치 사회 속에 살고 있는 우리는 전쟁에 대한 개념을 소홀히 생각할 수 없고 전쟁대비 또한 게을리할 수 없다. 전쟁은 우리의 생존과 직결되고 결과 또한 비참하기 때문에 오로지 승리밖에 없다. 2등이란 있을 수 없다. 국가가 이루려는 정치적 목적은 다양하지만, 국제관계면에서는 상대보다 우위를 달성하여 존속하거나 국가의 번영을 이루려는 것이다. 이러한 목적을 달성하기 위해 전쟁을 택할 수밖에 없는 상황에서 전쟁은 정치의 수단이 되며, 전쟁의 결과, 곧 정치 목적을 달성하는 데 중요한 역할을 차지한다.

전쟁은 정치 목적을 달성하기 위해 승리해야 하는 것은 물론 타 수단을 혼용해야 한다. 즉 전쟁은 국가의 제 수단들과 함께 수행하는 정치의 연속이다. 결국 정치 목적의 수단으로써 전쟁을 일으키고, 전쟁을 수행하고, 마지막 후속조치를 하는 것이다. 따라서 형태가 변하더라도 인간사와 정치사가 있는 한 전쟁은 계속 정치 목적 달성을 위한 수단이 될 것이며, 각 국가는 평화 시에도 유·무형의 전쟁을 준비할 것이다.

전쟁은 왜 일어나는가?

전쟁에서 반드시 이긴다는 보장은 없다. 또한 승리하든 패배하든 양측은 무수한 피해를 입는다. 그럼에도 전쟁을 해야 하는, 그리고 전쟁을 일으키는 근본적인 원인을 어디에서 찾을 수 있을까?

일차적인 욕구 충족

전쟁은 전쟁을 하려는 자의 의지에서 시작된다. 따라서 전쟁은 인류 생존의 기본 요소며, 인간 본성이 변하지 않는 한 그 양상을 달리하면서 계속 존재한다.

미국의 심리학자인 매슬로(Abraham H. Maslow, 1908~1970)는 인간이 개인적인 욕구를 추구하려는 경향 속에서 부족함을 느끼는 동물이기 때문에 언제나 무언가를 갈망한다고 하였다. 그리고 인간의 욕구를 1단계 식욕의 욕구, 2단계 안전의 욕구, 3단계 소속감과 사랑의 욕구, 4단계 인정의 욕구, 5단계 자아실현의 욕구라는 가설로 설명하였다. 생리적 욕구에는 굶주림, 갈증, 성, 수면, 산소, 감각적 자극에 대한 욕구 등이 포함된다. 생리적인 욕구를 만족하지 못한 사람들은 더 높은 단계의 욕구를 만족하려 시도하지 않는다. 예들 들면 굶주린 상태에서는 식욕이 인정과 자아실현 등 어떠한 고차원적인 욕구보다 기본적이고 강한 동기가 된다. 그래서 식욕을 분쟁의 씨앗이 되었고, 전쟁의 역사는 바로 먹는 문제해결에서 출발하였다.

급격한 지구 환경의 변화로 인해 인류는 안정적으로 식량을 해결하는 데 어려움을 겪고 있다. 그래서 인류는 부족한 식량을 공급하기 해서 수확 지대를 확보해야 했다. 인구가 증가하여 수확 지대를 더 이상 확보할 수 없거나 지구 환경의 변화로 식량이 부족해지면, 먹을 것을 놓고 이웃 부족과 싸우려는 일차적 욕구가 나타난다. 먹을 것이 부족하다고 예상할 때 인간의 전쟁 본성이 숨김없이 드러나는 것이다. 이는 전쟁의 결과가 어떠하든 상관없다. 왜냐하면 어떤 결과든 먹는 문제와 종족보존에 유리한 여건이 조성되기 때문이다. 즉 전쟁에 패하더라도 많은 전사자가 발생하기 때문에 먹을 인구가 감소하게 된다. 전쟁에서 승리하면 상대 부족의 남자를 다 죽이고 자원과 여자들을 귀속시킬 수 있기 때문에 종족보존에 유리하다. 그래서 전쟁은 부족을 먹여 살리고 종족을 번영시키는 방법이 되었다.

이러한 관점에서 전쟁이 발생하는 근본 요인은 '인간의 욕구 충족을 위한 본능'이라고 할 수 있다. 폭력은 인간 본능에 의한 욕구 충족의 한 방법이 되었고, 국가 간의 전쟁 역시 자국의 이익 추구라는 욕구로, 내전은 권력 쟁탈 욕구를 충족시키기 위한 수단으로 이용되었다. 전쟁의 양상은 인간사회의 환경과 구조가 발전함에 따라 변화했지만 적자생존의 법칙과 약육강식의 원리는 인류 초기에서부터 지금까지 변함없이 적용되고 있다.

인간의 공격 본능

프로이트는 "인간의 본성은 원래 공격적이고 잔인하다"라고 말했다. 그의 정신분석학 이론에 의하면 인간은 원래부터 삶의 본능인 에로스(eros)와 죽음 또는 파괴 본능인 타나토스(thanatos)를 타고나며, 이 본능이 외부로 향하면 적개심, 파괴행위 그리고 살인 등의 공격행위로 나타난다고 한다. 프로이트 같은 심리학자와 전쟁사가(戰爭史家)들은 인간의 본성에 의한 근본적인 공격성이 밖으로 표출되면 결국 국가 간의 전쟁 발발 원인이 된다고 주장했다. 노벨상 수상자인 로렌츠(Konrad Lorenz, 1903~1989)도 "동물과 인간 모두에서 동족의 성원들에게 향해지는 투쟁본능이 있다. 이 공격적인 에너지가 인간의 또 다른 독특한 성질과 결합하여 공격성을 증폭시킨다"라고 주장했다.

국가 이익을 위한 갈등과 지도자의 오판

국가 간의 전쟁 원인은 경제, 종교, 문화 등 국가마다 다소 차이는 있지만, 자국의 이익을 위해 생겨난 대립과 갈등이라는 공통점이 있다. 따라서 국가는 전쟁을 자국에서도 언젠가 일어날 수 있는 상황으로 인식하고 전쟁에 대비하고 있다. 하버드 대학의 지글러((Ziegler, David W.) 교수는 전쟁의 원인을 사고, 오해, 오판 그리고 국가 정책의 선택 부족으로 주장하기도 한다.[2] 특히 탈냉전시대에는 여러 국가에서 이데올로기의 갈등과 미·소 간의 핵 갈등, 그리고 억제되었던 모든 종류의 분쟁 원인이 갑자기 노출되었다. 민족, 종교, 식민지, 전후 처리, 정권쟁탈, 민주화, 영토, 자원, 분리 독립, 패권, 이념, 통일 등이었다. 당시 분쟁의 원인은 정치 지도자, 국내 정세 또는 국제 관계에서 찾을 수 있다. 이 중 지도자의 성격과 의지가 전쟁의 발발에 직접적인 요인이 되는 경우가 흔했는데, 제1차 세계대전의 빌헬름 2세, 제2차 세계대전의 히틀러와 무솔리니, 6·25전쟁의 김일성, 중동전쟁의 낫세르, 걸프전쟁의 후세인 등을 보면 이해할 수 있다. 그러나 예로 든 전쟁들은 반드시 지도자 개인의 성격이나 오판으로만 일어난다고 볼 수는 없으며, 국내외를 막론하고 정치인과 정치 구조가 매우 중요한 영향을 준다는 사실을 알 수 있는 사례기도 하다. 따라서 객관적인 전쟁유발 요인으로 ① 경제적 이익취득, ② 위협의 제거, ③ 내부의 갈등과 모순 해결, ④ 민족, 종교, 문화의 갈등, ⑤ 원한, 공포, 분노, 테러 등의 보복, ⑥ 지도자의 성

격과 오판 등을 들 수 있으나 대개 여러 가지 원인이 복합적
으로 작용하여 일어나는 것이 일반적인 경향이다.

전쟁전략으로써 심리전

제2차 세계대전 이후 핵무기가 급속도로 발전하여 여러
국가에서 생산하였고, 동시에 운반수단이 발전하여 정치와
군사 지도자의 목적을 달성하려는 전략개념에 변화가 일어
났다. 특히 일본에 원자탄을 투하한 것을 지켜본 세계 여러
나라는 '핵전쟁을 일으키면 승자와 패자는 없으며 인류와 지
구 모두 잿더미가 될 것'이라는 공포를 느꼈으며, 결국 핵을
가진 국가와는 대립을 기피하였다. 이것이 바로 싸우지 않고
이기는 이른바 부전이승적(不戰而勝的) 심리전의 개념이다.

전쟁을 억제하는 것도 전쟁의 궁극적인 목적인 정치목적
을 달성하는 역할이므로 이 또한 전쟁의 영역이다. 설사 전쟁
이 발발했더라도 대량 피해와 살상을 입히지 않고 전쟁의 목
적만 달성하면 전쟁에 승리하는 것이다. 따라서 전쟁의 원인
이 되는 인간의 의지나 심리를 잘 활용하여, 싸우지 않고 이
기거나, 싸우더라도 최소 피해로 승리하는 방법이 요구되는
것은 당연하다. 결국 국가 간의 분쟁이나 전쟁의 원인과 해
결, 조정은 인간에 의해 이루어지기 때문에 인간의 심리적

측면과 결부되지 않은 것이 없다. 여기에 문제해결의 수단으로써 심리학을 응용한 심리전이 전쟁을 억제하고 전쟁을 수행하는 데 중요한 역할을 하고 있다. 전쟁은 비경제적이고 극히 위험하기 때문에 제반 정치·외교 수단이 실패하였을 때 불가피하게 이루어지는 것이 통례다. 인류문화와 과학문명이 발달할수록 인간은 전면적인 폭력전을 무서워하고 싫어하며 피하려 든다. 이런 심리로 인해 발전하게 된 것이 정치외교전, 사상전, 간접침략, 마비전 등이며, 이러한 형태의 전쟁은 인간심리를 이용한 심리전이 중심이 되고 있다.[3]

심리전이 전쟁을 억제하고 수행하는 데 필수불가결한 영역으로 발전하자 전쟁 및 군사 전반에 심리학을 적용한 군사심리학이 발전하였다. 군사 심리학은 1917년에 미국이 제1차 세계대전에 참전하면서 국립학술연구회의(National Research Council) 심리학부 안에 13명으로 구성된 위원회를 설치하고, 징집대상자의 심리검사와 교육·훈련·항공심리학 등에 관한 심리학적 연구를 시행한 것에서 출발하였다. 이후 프랑스와 이탈리아에서도 심리검사를 항공적성검사에 적용하였다. 독일에서는 1926년에 국방군 내에서 심리적성검사를 실행했고, 1933년에는 정식으로 연구기관이 설치되어 요원의 선발과 배치하였으며, 전장심리·교육훈련·사상전 등을 연구했다.[4]

현대의 군대에서는 무기체계가 발전했고 인명 중시 사상

이 강조되면서 군사심리학에 대한 관심이 높아졌다. 특히 테러 사건이 빈번해지면서 테러리즘의 심리에 관한 연구도 등장하고 있다. 따라서 현대의 군사심리학은 통계학·의학·생물학·사회학 등 많은 인접과학과 융합되고 있다. 우리나라에서도 현재 육·해·공군의 인사·교육·의학 분야 심리학자들이 연구를 계속하면서 심리학을 군사문제에 접목시키고 있다.

현대의 군대는 조직이 방대하고, 고도의 기술과 첨단과학이 연계되어 복잡하게 구성되어 있다. 따라서 아군에게는 효과적이고 능률적으로 관리·운영하여 유사시 전투력을 극대화하는 방안이 필요해졌다. 한편 적에게는 평상시 비능률적이고 비효율적으로 운영되고 유사시 전투력을 와해하고 분산시켜 아군에게 안전과 승리를 제공하는 여건이 조성되어야 한다. 이러한 목적을 달성하기 위해 심리학을 응용한 심리전이 발전하게 되었다. 또한 총력전에서는 유·무형의 전력이 융합되어야만 최대의 전투력을 발휘할 수 있기 때문에 심리적 문제는 군사작전과 분리될 수 없는 전쟁의 핵심영역이다.

전장과 인간심리

전장의 특성

전장은 작전, 전투, 교전이 전개되거나 이와 직·간접적으로 관련되어 영향을 받을 것으로 예상되는 공간을 말한다. 오늘날 전장 개념은 분쟁과 갈등 양상이 다양해져 직접 전투가 이루어지는 물리적 공간뿐만 아니라 민간 거주지역, 사이버공간, 우주공간까지 확대되었다. 이러한 전장에서는 평시와 달리 인간의 정신적·육체적 한계를 뛰어넘는 극한 상황이 전개되면서 불확실성, 위험, 우연과 마찰, 피로와 고통의 특성이 나타난다.[5]

전장의 가장 핵심적인 특성은 불확실성이다. 전장은 적과 아군의 상황, 지형, 기상, 국내외 정치·경제·사회·문화 등 모든 면에서 불확실하고 복잡하며 애매모호하다. 특히 분쟁과 갈등 양상의 다양화, 위협의 양상과 형태가 복잡해질수록 전투원과 비전투원의 구분이 애매해져 상식과 예측을 뛰어넘는 다양한 상황이 벌어진다. 이러한 불확실성은 계획한 대로 전투상황을 진행하기 어렵게 만들고, 판단의 오류와 예기치 않는 전술적 과오를 범할 수 있으며 전투원에게 공포심을 일으킨다.

또 다른 전장의 특성은 위험상황이다. 전장에서 전투행위는 적 부대 격멸을 추구하기 때문에 그 자체에 파괴라는 속성이 있으며, 생명의 위험을 초래한다. 특히 현대전은 과학기술의 발달로 무기체계가 정밀화, 고도화, 첨단화되었으며, 대량 살상무기가 확산되었고, 무기와 비무기의 경계가 모호해져 비정형화된 무기들이 무차별적으로 이용되었다. 또한 전장도 광역화·다양화되었으며, 기상이변, 혹서·혹한, 재해, 질병 등 자연적 요소도 위험요소로 작용한다. 따라서 전장에서는 승자나 패자에게도 항상 희생이라는 위험이 도사리고 있다.

전장에는 우연의 속성이 있다. 전장은 적과 아군이 통제할 수 없거나 예측할 수 없는 개연적인 사건의 연속이며, 특히

인과관계를 쉽게 알 수 없는 수많은 우연이 작용할 수 있다.

또한 전장은 이해와 의견이 맞지 않아 서로 충돌하는 마찰의 속성이 있다. 마찰은 적군과 아군뿐만 아니라 아군조직 내외의 각급 리더, 리더와 구성원, 부대와 부대, 다국적군 상호, 부대와 다른 조직 사이 등 다양하게 존재한다. 이러한 전장의 마찰은 전투를 방해하거나 불가능하게 만들기도 한다.

전장은 극도의 정신적, 육체적 피로와 고통이 있다. 전장에서는 적과의 치열한 교전, 길고 힘든 행군, 불안함 속에서의 경계, 수면 부족, 혹독한 추위와 더위, 식량과 물자 부족 등이 복합적으로 작용하여 인간의 피로와 고통을 가중시킨다.

전장에서 피로와 고통의 특성을 잘 이용한 대표적인 사례가 러시아의 쿠투조프 장군이었다.

1892년, 러시아를 침공한 나폴레옹군은 러시아의 지형과 기상을 충분히 이해하지 못한 상태에서 전쟁을 시작하였다. 쿠투조프 장군은 이를 간파하여 러시아의 광대한 영토와 혹한의 기상을 최대한 활용하는 과감한 전략을 구사하였다. 즉, 모스크바까지 내어주면서 나폴레옹군을 러시아 영토 안으로 깊숙이 유인하였다. 그리고 그해 11월과 12월 약 50일 동안 러시아의 광활한 지형과 혹한에서 나폴레옹군과 싸웠다. 그 결과 나폴레옹군은 광활한 러시아 영토에 진격하면서 발생한 누적된 피로와 고통으로 인해 전투다운 전투도 못해

보고 대패하고 말았다.[6]

전장이라는 특수 환경에서의 심리

전장이라는 특수한 상황에서는 개인의 성격이 환경과 상호작용하여 미묘한 심리 상태가 나타난다. 즉 전장에서는 군인으로서 부여된 임무를 수행하고 애국심을 발휘해야 하는 성취심리와 본능에서 발생하는 전장이탈심리가 상호작용하여 갈등이 나타난다. 이러한 심리적 갈등은 가치관, 태도, 성격, 기타 내부적 조건과 학습, 경험 등 개인차가 있다. 그러나 전장에서는 다음과 같이 인간을 심리적으로 이완시키고 정상적인 능력 발휘를 어렵게 하는 경향들이 있다.

불안과 공포

불안과 공포는 어떤 위험이 닥쳐올 것을 예견하면서 느끼는 긴장, 두려움을 말한다. 전장의 특수 환경이 인간심리에 미치는 영향 중에서 가장 일반적인 것이 불안과 공포다. 불안과 공포는 생명과 안전의 위협, 적과의 교전에서 패배, 무기 및 전투물자의 부족, 기타 요인에 의해 심리적 균형이 와해된다. 다소 개인차가 있겠지만 전투를 수행하는 순간보다는 전투를 준비하는 과정에서 더욱 공포를 느끼게 된다. 그 이유

6·25전쟁에서 북한국의 공포를 유발하는 전단

는 앞으로 무슨 일이 벌어질지 모른 채 전장의 처참한 장면만 상상하기 때문이다.

공포라는 정서는 불안과 매우 유사한 점이 많아 우울하고, 불쾌하며, 피로하거나, 지나친 걱정하는 등의 좌절 상태를 보인다. 공포심은 모든 사람에게 나타날 수 있는 정상적인 반응이지만, 명백한 대상이 있다는 점에서 불안과 구분된다. 공포는 원천적으로 좌절감을 바탕으로 발생되는 정서인데, 위협이 임박하였거나, 특히 위협을 극복할 방법이 전혀 없을 때 좌절은 지속되고 증가한다. 반대로 어떤 행동을 취하는 것은 공포심을 감소시켜 좌절을 극복할 수 있게 해준다. 공포를 경험할 때 부대원은 당황하고 앞으로 닥칠 위험에 관한 대화와 도피만 생각한다. 이러한 상황에서 "가스다!" 또는 "퇴각하라!" "포위됐다!"라는 말 한마디만 던져도 조직은 와해되고 통제가 곤란한 상황이 발생할 수 있다.

제1차 세계대전에서 미군 내에 잠입한 독일 간첩들은 "가스다!"라고 소리쳐서 미군을 공황으로 몰아넣으려 시도했다. 이러한 첩보를 입수한 미군은 공포방지를 위해 실제로 가스를 경고하기 위한 구호인 "가스! 가스!" 대신에 "뉴욕!" "미네아 폴리스!" 등 암호를 사용하였던 사례도 있다.

그렇다면 실제 전장에서 병사들이 갖는 공포의 대상은 무엇일까? 전쟁 그 자체일까? 전쟁에서 패배하는 것, 자신이 죽거나 부상당하는 것, 혹은 포로가 되는 것을 두려워하는 것일까?

스페인 내란에 참전했던 미국인 병사들을 대상으로 그들이 전투 중 느꼈던 공포의 실체와 대상에 대해 물어본 결과 부상, 무기, 폭격에 대한 공포가 가장 컸다.[7] 그 중 사망이나 부상에 대한 공포가 가장 컸는데, 가장 두려웠던 신체 부위는 복부였다. 실제로 복부의 상처는 생명을 앗아가는 경우가 많으며, 내장기관의 상처로 인해 나쁜 피가 온몸에 흐르게 된다. 두 번째로 많은 공포를 느끼는 신체 부위는 눈이었다. 눈에 대한 공포는 시력상실로 인해 안전과 방향성을 잃고 암흑세계로 빠지는 것을 두려워하기 때문이다. 세 번째는 뇌였다. 뇌가 손상되면 인생이 무의미하며 무력해질 것이라 생각하기 때문일 것이다. 네 번째는 성기였다. 남자다움과 종족보존에 대한 감각은 부분적으로 성적 능력에 기초한다. 따라서 성기 손상이야말로 뿌리 깊은 공포중의 하나가 된다.

또한 어떤 무기를 가장 두려워하지 질문한 결과, 첫 번째로 언급된 것이 폭탄 파편이었다. 그다음으로는 박격포, 포탄, 총과 칼, 그리고 난사되는 총알 세례 등이었다. 비교적 공포를 덜 야기하는 무기는 수류탄, 기총소사, 기관총, 탱크 및 급강하 폭격기 등이었다.

어떤 무기가 커다란 공포의 대상이 되는 이유는 두 가지다. 포탄처럼 흔히 사용되고 또 실제로 위험하기 때문이거나, 혹은 공중 폭격처 비합리적인 공포를 야기하기 때문이다. 사실 기관총 같은 무기가 주된 공포 대상이 돼야 하지만 실제로 그렇지 않은 이유는 군인들에게 익숙하기 때문이며, 또 적군의 기관총 사격에 어떻게 대처해야 하는지 알기 때문이다. 결국 '가장 두려운 무기'와 '가장 위험한 무기'는 서로 다르며, 실제로 위험하지 않으나 병사들이 공포를 느끼는 무기에 대해서는 공포증을 제거시켜 주는 예방책이 강구되어야 한다.

가장 두려운 무기로 언급된 폭탄은 폭탄투하에 관한 공포

제2차 세계대전에서 독일군 미군을 대상으로 한
"양키 녀석들 죽음이 두렵지 않나!"라는 공포유발 전단

의 실상을 보다 자세하게 분석할 필요가 있다. 전투 시 위험이 닥치면 폭격기의 모습과 소리는 폭격 자체를 연상시켜 공포심을 유발한다. 실제로 병사들은 대부분 폭격 소리, 즉 폭탄이 투하되는 소리와 폭탄이 폭발하는 소리 자체에 심한 공포를 느낀다. 폭격기의 모습이나 폭탄투하 장면, 혹은 폭격의 손상결과를 보는 것은 오히려 공포를 덜 유발한다. 나아가 폭탄이 투하되는 소리가 오랫동안 들리거나, 전선보다 도시에서 폭격할 때 공포가 더욱 커진다. 그러나 야간 폭격과 대낮의 폭격에서 느끼는 공포는 거의 비슷하다. 병사들은 폭탄투하에 특별히 대항하는 방법이 없을 때 비행기에 총이라도 쏘는 것이 공포심을 줄이는 데 효과적이라고 말한다. 이것은 총을 쏘는 행위 자체가 비행기에 대한 주의를 분산시켜 공포심을 감소시키기 때문이다.

전장에서 불안과 공포를 감소하고 극복하기 위해서는 당면한 사태에 대한 지식을 제공하는 것이 중요하다. 각종 정보와 첩보를 사실대로 알려주고 오해를 일으킬 수 있는 사실은 지체 없이 부대원들에게 알려줌으로써 공포를 극복할 수 있다. 또한 적의 심리를 함께 알려 주는 것도 도움이 된다. 적은 겁이 없고 용감할 것으로 생각하는 경향이 있는데, 적도 아군과 다를 바 없이 공포를 느끼는 인간이라는 것을 알려주어야 한다.

또한 통계로 나타난 정보를 제공하는 것도 공포를 극복하는 방법이다. 병사들에게 전투상황에서 발생하는 사상자의 비율이 높지 않다는 사실을 다양한 통계 자료로 알려주면 부상에 대한 두려움을 줄일 수 있다. 그리고 끊임없이 움직이게 하는 것도 좋은 방법이다. 병사들이 공격을 준비하거나 방어진지를 구축하고 대기하는 동안 극도의 긴장과 불안·공포에 빠지기 쉬운데, 이때 정신을 특정임무에 집중시켜 긴장을 완화해야 한다. 한편 공포의 느낌에 대해 공개 토의하는 것도 필요하다. 이는 공포를 느끼는 것에 대한 수치심이나 죄책감을 없앨 수 있고, 자신을 이해하는 동료에게 전우애를 느낄 수 있어 부대의 단결력을 높일 수 있다.

공황 발생

공황은 극심한 공포나 불안에 압도돼 어찌할 바를 모르는 상태다. 공황의 주요 원인은 훈련부족, 사기 저하, 유언비어, 통솔력 부족, 신뢰하는 지휘관의 죽음, 불안정 등이다. 그리고 적의 공격에 대해 경악할 때, 예상하지 못했던 신무기가 등장했을 때, 패배, 높은 사상률, 매장되지 않은 아군의 시체를 타고 넘어 무질서하게 후퇴할 때, 적의 위치를 파악하지 못한 채 공격을 받을 때 공황이 발생할 수 있다. 공황 환자가 발생하면 주위의 동료에게 심각한 영향을 미친다. 공황 환자를 목격한 동료는 정신적으로 불안해지고 공황 환자처럼 행동하게 된다. 특히 공황 환자는 주위 동료의 모습 때문에 더 심한 공황 상태에 빠지고, 이러한 반응이 연쇄적으로 퍼져 광분하게 만든다.

공황은 한 번 발생하면 통제하기 어려우므로 리더는 구성원들 간에 공포가 확산되지 않도록 적절한 대책을 간구하고 조치를 취해야 한다. 이를 극복하기 위해서 사전에 강한 훈련으로 자신감을 갖게 해야 한다. 훈련이 잘된 집단은 자신감이 있고 위기상황에 대한 대처 능력이 높기 때문이다. 특히 공황이 발생하면 평온을 유지하면서 단호하게 공포에 맞서는 인물이 존재할 때 비로소 진정된다. 따라서 지휘관이 함께 있다는 것을 알게 하고, 진두지휘와 결단력 있고 확고한 명령, 용기 있는 행동이 필요하다. 전장에서 공황발생은 전투를 불가능하게 만들고 결국 전투패배로 이어진다. 그 주요 사례가 6·25전쟁 시 국군 제3군단의 현리지구 전투 공황 사례다.

1951년 5월, 중공군의 제2차 춘계공세에서 강원도 인제 지역을 방어하던 국군 제3군단은 중공군 2개 부대와 북한군 3개 사단의 공격으로 하진부리까지 철수했다. 이때 국군 제3군단을 정면으로 공격하던 중공군 1개 중대 100여

명이 측방으로 침투하여 유일한 철수로인 '오마치 고개'를 차단하자, 3군단은 대부대가 포위한 것으로 판단하고 돌파를 시도하였으나 실패하였다. 적 포탄이 집결된 부대 위에 떨어지자 순식간에 지휘체계가 와해되고 장교가 계급장을 떼고 도주하는 등 극심한 공황상황이 발생되었다. 이러한 공황상황에서 무질서하게 철수함으로써 많은 병력손실이 있었고, 주요 장비들도 대부분이 유기되었다. 적 1개 중대의 차단으로 아군 1개 군단이 공황에 빠지게 됨으로써 동부지역에 대규모의 돌파구를 허용하였고, 결국 국군 제3군단은 해체되었다.[8]

지각과 감각능력의 저하

전장에서 겪는 과도한 피로와 수면부족, 흥분과 긴장은 신체감각 기능과 판단력을 저하해 주의집중이 어렵고, 판단력까지 저하되어 착시, 환각, 환청 등이 발생하게 된다. 전장에서의 각종 소음은 청각을 피로하게 할 뿐만 아니라 주의를 집중시킬 수 없게 만든다. 물론 소음이 비상시에 대비하여 인체를 즉각적으로 행동할 수 있도록 준비시키는 면도 있지만, 물 흐르는 소리나 풀벌레 소리까지도 신경을 곤두세우다 보면 오히려 피로해져서 주의가 산만해지는 것을 경험하기도 한다. 이처럼 전반적으로 감각기관이 피로하고 기능이 저

하되는 한편, 심리적으로는 긴장되고 흥분되어 있으므로 평
상시에는 몰랐던 것을 느끼기도 하고 잘 느끼던 감각도 느끼
지 못하는 수가 많다. 그래서 어떤 사람은 전투 중 적탄에 부
상당한 것도 모르다가 전투가 종료된 후 전우의 이야기를 듣
고서야 상처를 발견하고는 충격을 받아 졸도하기도 하고, 스
쳐가는 총탄 소리만으로도 부상을 당했다고 생각하여 그 자
리에 주저앉아 꼼짝 못하는 등 착각과 환각이 일어나는 경우
가 적지 않다. 수면부족은 종종 환각을 일으키는데, 피로와
긴장이 겹치면 환각이 나타날 가능성은 더욱 커진다. 그러므
로 적의 공격이 예상되는 상황에서 경계병이 자신의 환상을
사실로 믿고 그것을 부대 전체에 경고함으로써 부대를 혼란
에 몰아넣는 경우도 종종 있다.

 1951년 5월 초, 강원도 현리 연대지휘소에서 밤이 깊도
록 근무하던 손 하사는 앞산에서 이상한 불빛이 번쩍거리
는 것을 보았다. 게다가 피리 소리와 북소리까지 아련히 들
리는 것 같았다. 그는 연대지휘소가 중공군에게 포위된 것
으로 직감하고 황급히 그 사실을 지휘부에 보고하였다. 연
대는 즉각 비상명령을 하달하고 취침 중인 장병을 전원 기
상시켰다. 병사들은 철수준비를 서둘렀고, 지휘부는 포위
망을 돌파할 계획을 세웠다. 이때 외곽에서 보초를 서던 한

병사가 상황실에 들어왔다. 소대장이 영문을 묻자 그 병사는 "저도 처음에는 그 불빛이 이상해서 관찰했는데 자세히 확인해보니 반딧불이었습니다. 그리고 피리 소리는 아마 산새와 풀벌레 소리를 잘못 들은 것 같습니다"라고 하였다. 상황을 다시 확인해본 결과 그 병사의 말이 맞았다. 몇 달 동안 중공군에게 쫓겨 부대의 사기가 극도로 저하된 상태에서 적의 야간공격을 예상한 손 하사가 수면부족과 피로, 긴장이 겹쳐 공포와 불안에 압도된 나머지 반딧불을 적의 공격으로 착각한 것이었다.

이와 같이 전장에서는 피로와 수면부족, 흥분과 긴장, 산만한 주위환경 등으로 감각기능과 판단력이 상실되며 지각능력도 저하된다. 따라서 전장에서 전투력을 정상적으로 발휘하기 위해서는 적절한 휴식과 수면을 보장해주고 적기에 부대 임무를 교대시켜줘야 한다. 아래는 러일전쟁 때 발생한 러시아 장병들의 망상사례다.[9]

러일전쟁은 1904년 2월 8일에 일본 함대가 여순항에 주둔하던 러시아 극동 함대를 기습 공격함으로써 시작되었다. 여순항에서 봉쇄당했던 극동 함대는 모항인 블라디보스토크로 탈출하려다 도고 헤이아치로가 이끄는 일본 함대에 패하여 다시 여순항으로 돌아가지 않을 수 없었다. 러시아는 극동함대를 지원하여 일본 함대를 격파하고 전쟁을 승리로 이끌기 위해 발틱 함대를 파견하기로 결정했다. 발틱 함대는 대서양과 인도양을 거쳐 1년 가까이 항해하다가 여순항 함락 소식을 듣고 블라디보스토크로 항로를 바꿨으나 도고 헤이아치로의 함대에 포착되어 38척 중 35척이 궤멸하는 참혹한 패배를 당했다.

당시 러시아가 자랑하던 세계 최강 발틱 함대는 왜 어이없이 일본에 패하게 되었을까? 바로 망상 때문이었다. 1904년 10월 15일, 발틱 함대는 대대적인 환송을 받으며 대장정에 올랐다. 1만 8,000해리의 엄청난 거리를 항해해야 하기 때문에 각종 사고 및 고장에 대비하여 조선기사들까지 대동하였다. 그러나 이 함대는 출발할 때부터 '일본 구축함이 덴마크 해협에서 대기하고 있는 것 같다'라는 망상에 사로잡혀 있었다. 함대는 이미 싸우기도 전에 공포심에 휩싸이게 되었다. 누구보다도 발틱 함대 사령관이 그렇게 믿었다. 출발한 지 며칠 만에 일부 배에 고장이 생기고 사고가 나는 등 대항해의 전도가 걱정되었지만, 그보다 더 큰 문제는 우습기 짝이 없는 망상이 대함대를 지배하고 있었다는 것이다.

하나의 망상이 사라지면 또 다른 망상이 나타났다. 두

번째 망상은 '일본의 수뢰정이 유럽 북부의 바다에서 대기하고 있다'라는 것이었다. 이 집단 망상을 전 함대에 퍼뜨린 것은 상트페테르부르크의 해군작전사령부였다. 가장 냉정해야 할 해군작전사령부가 불가능한 일을 '가능성이 있다'고 믿었기 때문이다. 오로지 지휘관은 장병들의 마음을 통일시켜 적을 향해 사기를 고취시키고 조금이라도 패배의 심리를 갖지 않게 해야 한다. 그런데 발틱 함대 사령관인 로제스트벤스키는 '나는 겁쟁이가 아니다.'라고 큰소리를 쳤지만, 자신이 망상에 사로잡혀 출발한 지 불과 사흘만에 '전원 복장을 착용하고 취침하라!' '전 함대의 대포에 포탄을 장전하라!'라는 이해가 안 되는 명령을 내렸다. 군대는 최고사령부에 가장 많은 첩보가 모여들지만 하급사관 이하는 아무런 정보도 가지고 있지 않기 때문에 상부를 신뢰할 수밖에 없다. 따라서 상부가 동요하면 하부에는 엄청난 영향을 미친다. 함대 사령관 개인의 불안과 공포심이 이 함대에 대공황을 일으킨 시발점이 된 것이다.

출발 5일째 되던 날, 덴마크의 한 항구에서 석탄을 탑재하고 있을 때 러시아 첩보원이 고용한 스웨덴의 기선 한 척이 접근하여 수상한 범선이 출현했다는 보고를 했다. 막연한 정보였지만 함대 사령관은 '일본의 첩보선이 틀림없다. 어딘가에 숨어 있는 수뢰정에 알리기 위해 간 것이 틀림없

다.'라고 판단했다. 일본의 수뢰정이 북해에 있는 것 자체가
비현실적이지만 그의 상상력때문에 현실을 파악하지 못했
다. 설사 그렇다 해도 그가 훌륭한 지휘관이었다면 공포심
을 가슴 속에 묻어두어야만 했다. 과거 명장들은 공포심을
가슴 속에 묻어 두고 가까운 부하에게까지도 알리려 하지
않았다. 이런 자세가 통솔자의 자세다. 하지만 그는 '함대
을 통과하는 모든 선박에 대하여 포문을 들이대라.'라는 명
령을 내렸다. 발틱 함대가 지나는 북해는 주변국들의 수많
은 상선과 어선들이 지나는 곳이었다. 이 선박들에 대해 대
함대가 일일이 대포를 움직여 조준하는 것은 전쟁을 하기
전에 피로와 고통을 줄 뿐이었다. 이런 행동이 집단적인 공
포심을 유발시키는 원인이 되었으며, 실제 발틱 함대의 모
든 장병들은 신경과민이 되었다.[9]

가치기준 하락과 일차적인 욕구에 집착

생사가 교차하는 전장에서 장병들은 감정적이고 본능적
으로 판단하고 행동한다. 절박한 상황에 처하면 인간이 지닌
고상한 욕구와 과거의 영광은 아무런 소용이 없다는 가치기
준의 하락으로 심적 갈등을 겪게 된다. 전장에서는 여러 가
지 악조건 때문에 일차적인 욕구가 충분히 만족되지 못한다.
그리고 전장의 압도적인 분위기는 미약한 개인으로서 도저

6·25전쟁 시 인간의 가장 기초적인 욕구인 식욕을 활용한 UN군의 대북 심리전 전단

히 감당할 수 없다는 것을 느끼게 한다. 그러므로 순간순간 생명의 연장에 집착하고, 이를 위해서는 체면과 위신을 다 팽개쳐버리며 말초적인 욕구에 몸을 던지기도 한다. 따라서 전장에서 병사들의 일차적 욕구를 대상으로 한 심리전을 수행하면 상당한 효과를 얻을 수 있다.

생명의 위협 속에서 누구나 감정적·본능적으로 판단하고

행동하는 가치기준의 하락을 경험할 수 있다. 이를 극복하기 위해서 지휘관은 건전한 행동규범과 윤리의식을 지킴으로써 모범을 보이고, 부하의 일탈 행위를 적발한 경우에는 숨김없이 공정하고 엄하게 처벌해야 한다. 또한 전장에서 희망을 갖게 하는 것 또한 매우 중요하다. 가치기준의 하락은 생사의 갈림이 교차하는 전장 속에서 장래를 생각하지 않기 때문에 발생한다. 따라서 현재 상황과 앞으로의 계획을 알려주고 개인적으로도 희망을 갖게 해줘야 한다.

유언비어 확산과 조직의 통제력 제한

유언비어는 터무니없이 왜곡·과장되는 출처 미상의 소문으로써 급박한 상황에서 기대만큼 충분한 정보를 얻지 못할 때 쉽게 현혹된다. 유언비어는 사기를 저하시키며, 심한 경우 불안과 패배감을 유발시켜 패전의식을 확산시킬 수 있다. 유언비어는 입에서 입으로 이야기가 전파되는 가장 원시적인 형태로써, 원시적인 만큼 부정확하고 근거가 없으며 비능률적이다. 그러나 일단 어느 집단 내에 퍼지면 조직의 공식적인 보도를 무력화하거나 통제력을 마비시키기도 한다.

전장에서 의도적으로 사용되는 유언비어로는 혼란 야기, 연막작전, 뉴스의 원천에 대한 불신, 진실을 알아내기 위한 방법 등의 목적을 가진 것들이 있다. 또한 유언비어는 불안,

좌절, 실증, 나태 등에 민감하게 반응하여 군대에서 가장 퍼지기 쉽다. 특히 전장 같이 불확실하고 위험한 상황에서는 더욱 발생하기 쉬우며, 조직의 질서를 완전히 뒤엎을 수 있는 요인이 된다. 유언비어는 전장 환경에서 개개인의 정상적인 사고와 활동을 저해할 뿐 아니라 조직 전체를 혼란의 도가니로 밀어 넣고 통제력을 마비시킴으로써 전투력을 완전히 상실케 한다. 그것이 사실이든 아니든 유언비어는 수많은 전장에서 종족과 장소에 관계없이 전해진다. 다음은 유언비어에 의해 시작된 인도의 대폭동 사례다.

1857년, 영국이 인도를 식민지로 삼았던 때에 발생한 인도 대폭동은 유언비어로 시작되었다. 당시 영국군은 총구에 화약가루와 탄약을 직접 장전하는 총을 가지고 있었다. 화약가루를 장전하기 위해서는 기름종이로 된 화약봉투를 입으로 뜯어야만 했다. 이 기름종이에 사용된 기름에 대해 유언비어가 떠돌았는데, 회교도들 사이에서는 돼지기름이라는, 힌두교도들에게는 소기름이라는 소문이 돌았다. 종교적으로 금기시되는 민감한 부분을 건드린 유언비어는 급속히 전파되었다. 급기야 영국군은 버터를 기름을 사용하였다며 유언비어를 잠재우려 했으나 폭동은 대규모로 확산되었다.[10]

미군은 이라크전쟁에서 유언비어를 활용하는 심리전을 적극적으로 전개하였다. 미군은 이라크 공습 이후부터 "후세인은 사망했다. 이라크는 자유민주주의 국가가 된다."라는 후세인 대통령의 사망설, "개전 첫날 폭격으로 후세인 대통령이 부상당하여 벙커에서 들것에 실려 나갔다."라는 부상설, 후세인의 두 아들과 부통령의 신변 이상설, "이라크 장교들이 병사들을 총으로 위협, 전투를 강요하고 후세인을 위해 싸우지 않을 시 가족까지 처형하였다."라는 각종 유언비어를 유포하였다. 이라크 수뇌부에 대한 유언비어 유포 결과, 일부 이라크군이 투항하였고, 이라크 국민에게 심리적 불안감을 확산시켰다. 또한 연합군에게 전의를 고양시키는 성과를 달성하였다.

전장에서 유언비어를 극복하기 위해서는 공식적인 의사소통 체계를 구축해야 한다. 부대원들에게 가능한 한 많은 사실과 정보를 알려줌으로써 유언비어를 체계적으로 차단·소멸·방지해야 한다. 무엇보다 불안과 욕구불만 요인을 사전에 제거하는 것이 중요하다. 불안요인이 누적되면 심리적으로 긴장해 비정상적 행동을 불러일으키고 원활한 전장적응을 방해한다. 따라서 부하의 이야기를 경청하고 욕구불만의 원인을 찾아내 제거해야 한다. 더불어 부대 활동을 활성화함으로써 유언비어를 차단할 수 있다. 새로운 전투에 투입될 때까지 기다려야 하는 지루한 대기시간과 원대복귀를 기다리는 보충대의 해이한 분위기는 유언비어의 온상이다. 부대원이 유언비어에 신경 쓸 겨를이 없도록 의미 있는 활동을 계속하게 해야 한다.

동화의식 확산

인간은 본능적으로 혼자 있는 것을 두려워하기 때문에 전장의 불확실성으로 인한 집단의 분위기에 쉽게 동조 된다. 부정적인 동화의식이 확산되면 부대 전체의 사기를 떨어뜨리고 전의를 상실하게 하며 공황으로 이어질 수 있다. 이를 극복하기 위해서는 긴장을 풀고 의식적으로 여유를 갖도록 하는 것이 중요하다. 긴장하면 모든 것이 어려워 보이고 자신감이 없어진다. 의식적으로 여유를 가지면 긴장이 완화된다. 지각능력의 저하와 마찬가지로 부하들이 지치고 병들고 낙담하게 되면 부정적인 동화의식이 확산된다. 가능한 충분한 휴식과 취침, 식사를 보장하는 것도 필요하다. 지휘관이 전장에서 여유 있는 모습으로 부정적인 동화의식 확산을 차단한 사례는 폰쉘 대위의 갈리시아 전투가 대표적이다.

제1차 세계대전 중이던 1916년 8월, 독일의 폰쉘 대위는 러시아군의 공격으로부터 오스트리아군 전선을 강화하라는 명령받고 인근의 오두막집에 도착하였다. 그러나 오두막집 근처에 러시아군의 포격이 가해지자 중대원들은 불안과 공포를 느끼기 시작했다. 중대원들은 오두막집을 빨리 떠나자고 요구하였으나 중대장은 예비기지 노출을 염려하여 부하들의 요구를 묵살하였고, 이에 부하들은 불만을 토로하고 점차 침착성을 잃고 동요하기 시작했다. 그러나 중대장은 태연하게 이발병에게 머리를 깎아달라고 주문했고, 이를 본 중대원들은 중대장이 머리를 깎는 상황이라면 그렇게 위험하지 않을 것이라며 안정을 찾기 시작했다.[11]

전투 스트레스

스트레스란 외부 환경의 자극에 대해 신체적·정서적으로 나타나는 긴장상태를 말하며, 개인의 적응수준을 넘어설 때 발생한다. 특히 목숨을 건 전투현장에서는 두려움·초조·공포 때문에 육체적으로나 심리적으로 전투 스트레스를 겪는데, 이는 전투력을 약화시키는 결과를 가져온다. 특히 전투 스트레스는 전시에 심한 부상, 정신적 충격 등으로 발생할 수 있다. 전투 스트레스에 의한 장애는 주로 전투 중에 발생하지만 전투가 끝난 후에도 발생된다. 전투 스트레스는 강박적인 고통의 기억, 환각의 재현, 수면장애, 악몽, 죄의식 등의 증상으로 나타난다. 전투 스트레스를 극복하기 위해서는 공포와 유언비어 극복 방법에서 강조했듯이 현재 상황을 잘 알려줘야 한다. 전투상황과 상급부대 지원에 관한 각종 정보를 부하들에게 많이 제공해야 한다. 전장상황과 부대 임무 등을 잘 알려주면 스트레스가 줄고 마음의 준비도 할 수 있다. 또한 부하들이 스트레스를 이겨낼 수 있는 정신적·육체적 능력을 길러줘야 한다. 신체적으로 건강한 장병들이 전투 스트레스를 더 잘 인내할 수 있다. 더불어 개인의 신상문제를 적극적으로 조치하는 것도 필요하다. 가족의 생사 여부나 안전 등을 걱정하는 상태에서 전투에 투입되면 전투 스트레스를 더욱 자극해 임무수행에 지장을 초래한다. 가능하면 배치 전에 부하들의 신상과 관련된 문제를 해결할 수 있어야 한다.[12]

전장에서의 심리학

심리전은 상대의 감정, 태도 및 행동이 심리전을 전개한 주최 측에 유리하도록 변화시키는 것이다. 이러한 심리학은 모든 심리전에 응용되지만, 특히 전장의 특수 환경에서는 다음과 같은 심리학의 형태변화 이론이 주로 적용된다.[13]

정서와 동기 이론
정서란 감정적 느낌, 즉 유기체가 경험하고 있는 모든 심적 상태와 이에 따른 신체적 변화를 말한다. 정서에는 고독, 공포, 분노, 격노, 증오, 고뇌, 불안, 질투, 수치, 당혹, 혐오, 비애, 권태, 낙담과 같은 부정적인 정서와 애정, 기쁨, 즐거움, 행복감과 같은 긍정적인 정서가 있다. 특정한 정서 상태는 다음과 같은 5가지 주요한 정서 형태로 분류할 수 있다.

- 기초적 정서(고독, 공포, 분노, 불안, 기쁨)
- 감각자극에 따른 정서(고통, 환희, 전율, 구역질)
- 자기 평가에 따른 정서(수치, 고뇌, 비애, 피해의식)
- 타인에 대한 정서(애정, 증오, 연민, 질투)
- 군중현상으로서의 정서(공황, 흥분)

상기 정서의 유형은 전장의 특수 환경에서 인간심리로 나타난다. 따라서 부전승을 구현하거나 최소피해 전승을 추구하는 데는 이러한 인간 정서를 잘 이해하고 극복해야 한다.

동기(motive)는 라틴어의 'movere'에서 유래한 것으로, '움직이다'라는 의미를 가지고 있다. 따라서 동기는 인간이 일정한 행동을 하도록 움직이게 하는 근원임을 알 수 있다. 인간의 동기는 크게 일차적 동기와 이차적 동기로 분류된다. 일차적 동기는 전 인류에 공통으로 나타나며, 학습되는 것이 아니므로 관여하는 생리과정과 해부학적 위치가 분명해 생리적 동기라고도 한다. 일차적 동기는 기(飢), 갈(渴), 성(性), 수면(睡眠), 모성애(母性愛) 등이 있다. 이차적 동기는 개인이 사회생활을 하면서 학습하고, 문화적·환경적 요인에 따라 개인차가 심하며, 생리적 근원이 분명하지 않아 학습에 의해 이루어지므로 사회적 동기라고도 한다. 이차적 동기에는 공격, 소속, 성취, 독립, 자존심, 권력, 명예, 사회적 인정, 자아실현 등이 있다.

사람에 따라 동기가 다르면 행동도 다를 수 있다. 즉 인간의 욕구는 개인의 행동 방향을 결정해 주는 원천이 되는 것이다. 매슬로는 인간에게 공통으로 존재하는 낮은 수준의 욕구가 만족되면 다음 수준의 욕구를 충족시키기 위해서 동기화된다고 하였다. 이러한 동기이론은 전장의 특수 환경에서 인간심리에 접목되어 심리전을 전개한다.

전장에서는 남녀의 성을 이용한 심리전이 나타나는데, 이것도 성적 동기이론을 활용하는 것이다. 대부분의 나라에서 군인은 주로 남성이기 때문에 프로이트의 성욕 동기를 활용할 수 있다. 최근에 발발했던 걸프전쟁에서 이라크는 'Iraqi Jack'이라는 남자 아나운서와 'Baghdad Betty'라는 여자 아나운서를 기용했는데, 점차 여자 아나운서의 호응도가 높아서 그녀를 중심으로 심리전 방송을 진행했다. 실제로 다국적군에서도 Betty의 방송을 다국적군 방송보다 더 선호했다고 한다. 이는 극도로 불안한 상황에서 동성인 남자보다 여자의 감성적인 호소가 더 가까이 다가올 수 있고, 특히 이라크 군인들의 경우에는 자국의 Betty에게 '보호해야 할 여성', '어머니처럼 포근하게 안길 수 있는 연인'의 의미를 느낄 수 있었기 때문일 것이다.

태도 변화 이론

심리전의 궁극적인 목표는 상대방의 태도 변화다. 태도란 심리적 생활공간 속에서 자기 자신과 자신이 속한 준거집단에 중요한 의미와 기능을 갖는 사람 및 대상에 대한 호오(好惡) 판단과 정(正), 부(負)적 감정 지향을 포함하는 통합적 심리 지향성으로, 사람의 행위 및 반응의 방향과 성격을 결정하는 것이다.[14]

태도는 상황, 사회적 이슈, 사회집단 등에 의한 자극이 개인의 태도에 작용하면서 인지·감정·행동에 영향을 주고, 이러한 영향은 외부 반응과 표현되는 언어에 의해 관찰된다. 태도는 3가지 요소, 즉 인지적, 감동적, 행동적 요소로 구성되며, 이들은 각각 서로 상호 연결되어 일정한 조직구조를 이루고 있고, 대상에 대한 행동경향성을 갖는다. 학습적인 관점으로 볼 때, 태도는 이전의 경험과 개인이 처한 현재의 환경 요인과 상호 작용하여 행동을 결정한다. 태도변화에 관한 많

은 이론이 있지만, '사회학습 이론'과 '인지적 일관성 이론'이
가장 설득력이 있다.

'사회학습 이론'에서 스키너(Skiner)는 유기체가 단순한 자
극을 받아들이는 반응은 유기체의 요소에 대한 조작적인 반
응을 더욱 중시하여 외부 자극에 대해 자기의 욕구 수준에
따라 능동적인 입장에서 형성한다. 또 학습은 조건반사처럼
자극의 대치가 아니라 강화에 의한 반응의 변화로 사실상 인
간의 모든 행동은 이러한 조직적 조건화, 즉 긍정 혹은 부정
적 강화에 의해 행동의 변화를 유도하게 된다고 주장한다.

'인지적 일관성 이론'은 사람들이 자기의 신념 사이에서 일
관성을 추구한다는 가정에서 출발한다. 만일 어떤 사람이 마
리화나는 무서운 것으로 생각하는데 한 친구가 그것은 희한
한 것이라고 말한다면 그 체제는 균형이 맞지 않게 된다. 이
때 둘 중 한 명이 마리화나에 대한 자신의 태도를 변화시켜
서 상대방과 신념을 일치함으로써 일관성을 추구한다는 것
이다.

커뮤니케이션 이론

심리전은 인간심리에 자극을 주어서 반응을 일으키게 하
는 것이다. 반응은 자극의 내용과 전달하는 매체와 방법에
크게 영향을 받는다. 여기서 자극을 전달하는 매체와 방법

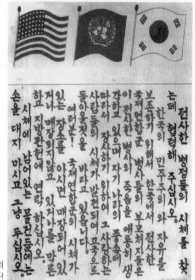

논
며
협
력
해
주
십
시
오
찾
전
사
한
병
졸
들
의
시
체
를

보
존
하
기
위
해
서
한
국
에
서
전
사
한

전
사
한
병
사
의
부
모
처
자
들
은
생

한
국
의
민
주
주
의
와
자
유
를

강
하
며
자
기
나
라
의
중
요
하

따
라
서
장
사
하
기
위
하
여
그
사
랑
하
는

사
람
들
의
시
체
가
발
견
되
여
귀
국
으
로

돌
아
올
것
을
바
라
고
있
읍
니
다

여
러
분
축
제
연
합
군
의
시
체
가

있
는
장
소
를
아
시
면
매
장
되
여
있

거
나
묻
혀
있
거
나
를
말
론

지
방
관
현
에
연
락
하
십
시
오

하
고
메
장
되
었
고

시
체
에
남
어
있
는
물
건
들
은

손
을
대
지
마
시
고
그
냥
두
십
시
오

성조기와 UN기, 태극기를 그려
정보의 신뢰성을 높인 전단

이 바로 커뮤니케이션이다. 커뮤니케이션의 개념은 생물체가
상호 간에 관계를 가지고 서로 이해할 수 있다는 사실이며,
사람에게 의미 내용을 전달하여 다른 사람에게 어떤 특정한
행동을 하도록 요구할 수 있다는 사실을 말한다. 사람은 커
뮤니케이션 출처를 믿을 수 있고 의사전달자에 대한 평가가
높을수록 자신의 행동을 변화시키려는 경향이 더 강하다.
따라서 커뮤니케이션 출처는 신빙성, 신뢰성, 호감 등에 관련
된 변인들이 중요하다. 커뮤니케이션의 목적이 수신자의 태
도변화고 심리전의 목적이 송신자가 수신자의 반응을 유발

하는 것이라면 커뮤니케이션 과정은 태도변화와 깊은 연관성이 있다.

슈람(W. Schramm)은 커뮤니케이션 과정을 아래 도표와 같이 송신자와 수신자 및 시그널(Signal)로 구별하여 기호화(Encoder) 및 해독(Decoder) 관계로 설명하고 있다.

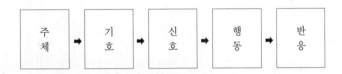

위 도표는 송신자가 의도하는 바가 메시지를 기호화해서 수신자에게 보내는 과정에서도 얼마든지 각 과정별 과오로 인해서 잘못 해독될 수 있다는 것이다. 따라서 메시지가 수신자에게 전달되는 과정에 영향을 주는 변인들을 투입시켜 송신자가 의도하는 대로 유도할 수 있으며, 이것을 심리전에 활용한다.

고대 전투의 심리전

전쟁은 정치 목적을 달성하는 수단으로 수행되고, 궁극적으로 상대의 의지를 굴복시키는 것이다. 따라서 전쟁을 하지 않고 상대의 의지를 굴복시키는 부전승(不戰勝)과 전쟁을 해야 할 경우 최소피해로 적의 의지를 무력화하는 전략을 구사해야 한다. 이러한 전략은 전쟁에서 인간의 마음을 다스리는 영역으로 심리전이 중심이 된다. 심리전은 전쟁의 목적에 내포된 상대의 의지를 굴복시키는 것과 전장의 특수 환경에서 나타나는 인간심리를 이용하여 전쟁을 수행하는 것이다. 인류 역사는 전쟁의 역사와 함께 발전했다고 해도 과언이 아니듯이 심리전 역시 모든 전쟁에서 전개되어 왔다. 전쟁의 역사

에서 인간의 심리를 이용한 주요 심리전 사례를 시대별로 고찰해보자.[15]

트로이 성과 목마

트로이 성과 목마는 심리전의 기원이라고 할 수 있다. 트로이전쟁은 기원전 1,200년경에 스파르타의 메넬라오스 왕의 아내 헬레네를 트로이 프리아모스 왕의 아들 파리스가 유혹함으로써 발발되었다고 전한다. 그러나 실제 원인은 다르다넬스 관문을 통과하여 흑해에서 교역을 시도하던 그리스인들이 그곳을 지키며 일종의 통행세를 요구하는 트로이인들과 충돌이 발생하면서 비롯된 것으로 보고 있다.

전쟁은 그리스가 2년간 전쟁준비를 마치고 대함대로 군대를 트로이 해안에 상륙시킴으로써 시작되었다. 약 2만 5,000명으로 추산되는 그리스군은 상륙하자마자 진지를 보강하는 데 힘을 기울였다. 트로이는 주위를 잘 통제할 수 있는 요새가 있었는데 성내에는 왕궁이 있고 약 3,000명으로 추산되는 수비대가 있었다. 요새는 사방에 탑이 있어 접근하는 적을 한눈에 바라볼 수 있고, 높이 6m, 두께 4.5m의 성벽으로 둘러싸여 있었다. 트로이군은 이 정도의 성벽만으로도 공성전이 서투른 그리스군의 공격을 막아내는데 충분했다. 전쟁은 결정적인 승패 없이 9년이나 지속되었다. 그리스군은 유명한 지휘관 아킬레우스와 아가멤돈 간의 불화로 말미암아 단합을 이루지 못하고 있었다. 이후 아킬레우스가 아가멤돈에 대한 감정을 풀고 싸움터에서 트로이의 지휘관 헥토르를 쓰러뜨렸지만 트로이는 함락되지 않고 새로운 동맹자들의 지원을 받아 저항은 계속됐다.

그리스군은 구태의연한 방법으로 트로이를 정복할 수 없음을 깨닫고, 마지막으로 오디세우스의 충고를 받아들여 특별한 방법으로 목마의 계략을 사용하기로 했다. 그들은 공성을 포기하고 퇴각하는 것처럼 가장하고, 일부가 인접한 섬 뒤에 숨어서 거대한 목마를 제작했다. 그들은 그것을 불화의 여신 엘리스에게 선물로 제공할 것이라고 선전하고는 목마에 무장한 병사 50명 정도를 잠입시켰다. 그리스군의 함대는 대부분이 떠날 채비를 하고 몇 사람만 목마를 끌고 성으로 접근하였다. 이에 트로이군 내에서는 목마를 어떻게 처리할까하는 문제를 놓고 논쟁이 벌어졌다. 호기심의 대상이 된 목마를 사람들은 전리품으로 빨리 성 안으로 갖고 갈 것을 제안했고, 또 다른 사람들은 두려워하며 경계했다. 아오콘이라는 신관은 "그리스군은 간계에 능하니 목마 속에 있는 것을 조사해야 한다."라고 주장했다. 그때 시논이라는 이름의 그리스군 포로가 끼어들었다. 그는 오디세우스가 자기를 미워해

떨어뜨려 남게 된 자라고 신분을 밝히면서 살려달라고 애원했다. 그리고 목마는 여신의 비위를 맞추고 그리스군의 무사 귀환을 기원하는 것으로 거대하게 만든 것은 성내로 운반되는 것을 방지하기 위해서라고 하였다. 포로 얘기를 믿고 결국 트로이군은 목마를 성내로 끌어들였다.

밤이 되자 목마 속의 그리스 병사들은 포로로 위장한 간첩 시논의 도움을 받아 밖으로 나오고, 대기하고 있던 우군에게 성문을 열어줌으로써 그리스군은 성내로 일제히 쳐들어왔다. 그들은 성내에 불을 지르고, 승전의 술잔을 기울이고 있던 트로이군을 모두 죽이고 완전히 정복했다. 그리스군대가 목마를 이용하여 심리전을 전개한 것은 트로이군이 말을 사랑하고 소중히 여긴다는 심리에 착안하여 이를 역이용한 것이다.

한신의 피리 심리전

고대 동양사의 대표적인 심리전은 한신의 피리 심리전이다. 기원전 232년부터 202년경에 중국의 초나라 맹장 역발산 항우와 한나라의 지장 한신군이 구리산에서 싸우게 되었는데, 한신은 항우를 생포하려고 구리산에서 매복하였으나 실패하고 낙심하였다. 그러다가 한신은 퉁소(피리)로 항우군 친

위부대의 결속을 깨뜨리기로 결심하고 '장량'에게 부탁한다. 장량이 말하기를 통소를 불어 실효를 거두려면 반드시 노래가 따라야 하므로 가수들도 백여 명 가량 연습을 시켜야 한다고 말하고 준비에 들어갔다.

한편 항우는 성녀산 기슭에 진을 치고 적의 움직임을 탐색하고 있었다. 그러던 중 계포와 항백이 친위대 8,000명을 거느리고 이곳을 강동으로 가서 재기를 노리자고 말한다. 그러나 항우는 적의 포위망을 어떻게 돌파할 수 있을지 고심하면서 전군에 철수준비 명령을 내렸다. 때마침 고향이 그리워지는 가을철이라 초군 병사들은 고향으로 돌아간다는 소식에 마음이 몹시 심란하였다. 이때 홀연 산 위에서 통소 소리가 바람을 타고 아득하게 들려오고 있었다. 통소 소리에 초군 병사들은 일제히 귀를 기울였다. 폐부(肺腑)를 파고드는 애절한 소리였다. 눈에서는 눈물이 절로 솟아오를 지경이었다. 초군 병사들은 가슴이 메어오는 슬픔을 느끼며 통소 소리에 정신없이 귀를 기울이고 있었다. 이윽고 통소의 가락에 맞추어 여기저기서 노래 소리가 들려왔다.

구월의 가을은 깊어 들에는 서리가 날리고
하늘은 높고 물은 맑은데 기러기 떼 슬피 울어대네.
싸움은 마냥 고달파 밤과 낮이 모두 괴로운데,

적은 세차게 몰아쳐 모래 언덕에 백골을 쓰러뜨리네.

고향을 떠나 어언 십여 년, 부모와는 생이별 나눴으니

처자식인들 얼마나 괴로우랴. (중략)

이 노래는 너를 살리려 함이니 어찌 하늘의 소리가 아니랴.

너는 하늘의 뜻을 알았거든 주저할 바 아니로다.

한왕은 덕이 높아 도망가는 군사를 죽이지 않으리니

고향에 돌아가겠다면 맘대로 보내준다.

비어 있는 진영을 지키지 마라. 군량은 이미 떨어졌도다.

멀지 않아 포로가 되면 옥석을 가르게 되리라.

제2차 세계대전과 베트남전쟁에 사용된 향수를 유발시키는 심리전단

장량은 계명산에서 백여 명의 가수에게 이와 같은 노래를 부르게 하였다. 노래와 퉁소 소리는 수많은 학이 구천에서 흐느껴 우는 것 같기도 하고, 때로는 철석간장(鐵石肝腸)을 속속들이 녹여내는 것 같기도 하였다. 달이 밝자 항우의 친위대 8,000명은 "하느님이 우리를 살려 주시려고 신선을 보내 피리를 불게 하심이 분명하다. 우리가 굶주림을 참아가며 비어 있는 군영을 지키고 있다가는 한나라 군사에게 모조리 죽는다."라고 하여 대부분 고향으로 도망을 갔고, 초나라 중신들도 항우를 내버려 두고 뿔뿔이 도망가버렸다. 항우는 풍전등화 신세로 쫓겨 도망가다가 오강에서 결국 자결하였고, 유방은 천하를 통일하였다.

여기서 핵심은 한나라 군사들이 초나라의 노래를 불렀다는 것이다. 한나라 군사에게 포위당한 초나라 군사들이 '설마 벌써 유방이 초나라 땅을 점령하지 않았을 것인데, 어찌하여 저렇게 한나라 군사가 초나라의 노래를 잘 부를까?'라는 것을 생각하다가 이것이 노래와 연계되어 마침내 점령이 기정사실인 것처럼 되어 전의를 상실하였다. 이 고사에서 발견할 수 있는 심리적 현상은 인지부조화, 즉 '한나라가 초나라를 점령하지 않았을 것이다.'와 '초나라 노래는 초나라 사람만이 잘 부를 수 있다.' 간의 양립불가능성을 인식하다가 결국 전자의 인지 내용을 수정하여 '한나라가 초나라를 점령했을 것이다.'라고 인식함으로써 조화를 찾아갔다는 점이다.

여기에 덧붙여 정서의 심화 현상도 발견된다. 말하자면 생사를 기약할 수 없는 결전을 앞둔 시점에서 병사들의 불안과 초조, 공포감은 구슬프고 처량한 고향 노래를 듣고 더욱 증폭되어 몰입하는 상황이 초래되었다.

향수를 유발하는 심리전은 6·25전쟁을 비롯한 현대전에서도 많이 이용되고 있다.

중세 및 근대 전투의 심리전

칭기즈칸(Chingiz Khan)의 공포 심리전

칭기즈칸의 아버지 예스게이는 몽골의 풍습대로 온기라트 족 족장의 딸과 9세가 된 아들의 약혼식을 올리고 돌아오다 가 타타르족의 연회장에서 독약이 든 음식을 먹고 죽는다. 테무친은 1196년 추종자들에 의해 칸(Khan)의 자리에 올랐으 며, 1206년에는 오논강 상류의 쿠릴타이 대회에서 칭기즈칸 이란 칭호와 테부 텐게리(아주 높은 하늘)란 존칭을 동시에 얻 는다. 칭기즈칸은 고도의 기동력을 구사하는 기마전술, 기병 을 이용한 소수 정찰대 운용, 납와전법(拉瓦戰法)[16] 등과 함께 공포심을 유발시키는 심리전으로 대제국을 건설하였다.

초창기 칭기즈칸은 적의 항복 여부에 관계없이 무자비한 파괴살상 행위를 하였다. 풀 한 포기, 짐승 한 마리도 용서하지 않았고 살아 있는 생물은 완전히 소멸시켰다. 칭기즈칸군의 공격을 받는 부대는 항복해도 몰살당할 것이 당연했기 때문에 필사즉생(必死卽生)으로 싸우자는 의지가 생겼고 칭기즈칸군도 많은 피해를 입었다. 그래서 칭기즈칸군은 금나라가 멸망한 후부터 사전에 공포 심리전술을 전개하여 항복하면 살생하지 않겠다는 약속을 적에게 확산시킴으로써 손쉽게 많은 성을 점령할 수 있었다.

칭기즈칸군은 공격하기 전에 적 내부에 첩자를 보내서 칭기즈칸군의 위력과 용감성, 난폭성을 과대 인식하도록 소문을 퍼뜨리는 심리전을 전개하였다. 칭기즈칸군은 적이 불안과 공포를 느끼는 일이라면 무엇이든지 주저하지 않았다. 이런 심리전은 유럽 사람들에게도 퍼졌고, "칭기즈칸군은 잔인하며, 지나간 곳에는 사람의 씨도 없어진다."라는 소문 때문에 싸우기도 전에 공포에 질렸다.

중앙아시아의 코레즈미(Khorezmi) 왕국을 점령할 때도 이러한 심리전을 사용했다. 칭기즈칸은 코레즈미 왕국에 미리 첩자를 보내서 "칭기즈칸군은 강건하고 체력과 지혜를 가지고 있다. 그들은 일생을 전쟁과 피만으로 살아왔다. 그들은 잔인하고 날쌔며, 그 수가 헤아릴 수 없이 많아 마치 메뚜기 떼와 같다. 한번 지나가면 사람의 씨를 없애 버린다."라는 소문을 퍼뜨렸으며, 코레즈미군은 칭기즈칸군이 쳐들어온다는 말만 듣고 저항할 생각을 포기하고 항복하였다.

나폴레옹의 심리전

나폴레옹은 청년이었던 25세 때부터 47세까지 22년간 거의 매년 전쟁을 했다. 그는 46세가 되던 해에 라이프치히 전투에서 패하여 엘바섬에 유배되었다가 이듬해 재기했으나, 워털루 전투에서 패하여 세인트 헬레나섬에 유배되었고 6년 후에 사망했다.

나폴레옹은 "전략이란 시간과 장소를 사용하는 학문이다."라며 전장에서 인간의 심리를 파악하고 이용해야 함을 강조하였다. 또한 나폴레옹은 "전장에서 한 명의 부하가 둘이 있는 것처럼 보여야 한다. 그리고 정병(精兵)이라 할지라도 전장에서 심리전을 이해하지 못하면 잡병(雜兵)과 같다."라고 했다.

프랑스의 소설가 스탕달(Stendhal)은 그의 저서인 『나폴레옹에 관한 추억』에서 "나폴레옹은 군을 움직이려면 심리적 요인이 중요하다고 했다."라는 점을 언급하고 있다. 심리적 요인이란 조국에 대한 정열, 명예욕, 형벌의 공포, 자존심, 금전에 대한 애착 등으로 이는 나폴레옹이 가진 심리 전략의 한 단면을 보여주고 있다. 또한 "나폴레옹은 장군으로서의 기량은 있었으나 왕으로서의 자격은 갖추지 못했다."라고 기술하고 있다. 이 말을 역으로 해석하면, 나폴레옹은 군사행동의 보조수단으로 인간심리를 중시했다는 것을 지적한 말이라고 할 수 있다.

나폴레옹의 명언 중에는 "전쟁 성공의 3/4은 정신적 요소에서 결정되며, 물질적 상황 여하에 따라 결정되는 것은 1/4에 불과하다."라는 말이 있다. 이와 같이 나폴레옹은 휘하 장병들의 정신을 잘 파악하여 심리전술로 뭉치고 협조하게 하여 어려움을 극복함으로써 전쟁에서 승리할 수 있었다.

현대 전투의 심리전

6·25전쟁

미국은 제2차 세계대전에서 얻은 심리전의 교훈을 6·25전쟁에 적극적으로 활용하였다. 미국의 트루먼 대통령은 불법 남침한 북한군을 격퇴하기 위해 미군에게 출동명령을 내린 후 24시간 이내에 심리전단을 적 지역에 살포하도록 하였다. 그리고 48시간 이내에 심리전 방송인 '유엔의 소리'라는 라디오 방송을 적 전선과 후방 주민을 대상으로 전개하였다.

반면 북한의 김일성은 심리전이 북한사회의 공산화를 공

THE UNITED NATIONS

HAS APPEALED TO AMERICAN FORCES IN
JAPAN TO ASSIST YOU PEACE-LOVING
CITIZENS OF THE REPUBLIC OF KOREA
IN YOUR STRUGGLE AGAINST THE UNPRO-
VOKED AGGRESSION FROM THE NORTH.
WE SHALL GIVE YOU EVERY SUPPORT.
BE STEADFAST. BE CALM. BE COURAGEOUS.
RESIST FIRMLY. TOGETHER WE SHALL
DRIVE THE AGGRESSOR FROM YOUR
TERRITORY.

(1950년 6월 27일에)살포된 6·25전쟁 최초의 심리전 전단

고히 하고 한반도를 적화할 수 있는 가장 위력 있는 전략전
술임을 인식하고 있었다. 따라서 전쟁 전에는 기습남침을 위
한 '위장평화전술'과 '북침설'을 날조하여 대내외적으로 선
전·선동함으로써 기습남침의 여건을 조성하고, 불법남침을
정당화하였다.

UN군과 국군과 심리전

1950년 7월, 수원으로 철수한 국군은 비록 효과적인 방어작전을 수행하지는 못하였으나 전후 처음으로 계획적인 전단을 만들어 비행기(L19)로 서울 지역에 살포하였다. 대전에서는 정훈국이 국가총력전을 수행하기 위해 심리전을 적극적으로 전개하였다. UN군이 공세적이고 적극적인 심리전으로 전환한 것은 전선이 낙동강으로 후퇴한 후부터였다.

미 제1기갑사단이 한국 전선에 참가하면서 정훈국 소속으로 활동하던 학생들을 포함한 대적선전대가 최초로 대구에서 발족되었다. 대적선전대는 휴대용 확성기로 낙동강 전선에 투입되었다. 그들은 낙동강 방어진지를 돌아다니면서 대적방송을 적극적으로 전개하였다. 또한 미 극동군사령부 심리전국은 '동경방송'으로 전략방송을 전개하였다. 한편 샌프란시스코의 '미국의 소리 방송국'은 한국 아나운서까지 동원하여 북한 전 지역에 효과적인 심리전을 전개하였다.

심리전이 중대한 과제로 대두된 것은 국군이 서울을 탈환하고 파죽지세로 북진을 공격하던 때부터다. 무력전에 승리한 국군은 갑자기 광대한 수복지구가 생겼기 때문에 수복지구에 선무심리전이 절대적으로 필요했다. 이러한 선무심리전을 수행하기 위해 772 및 773부대라는 선무심리전 부대가

창설 시 772, 773부대 마크(1950년 11월 24일~1951년 4월 7일)와
2개 대대 통합 후 마크(1951년 5월 15일~1952년 4월 25일)

탄생하여 적극적으로 심리전을 전개하였다. 이후 중공군 개입으로 부득이 후퇴하여 772부대는 경상도 방면으로, 773부대는 호남 지방으로 파견되어 공비토벌지구 주민에 대한 선무심리전으로 많은 공훈을 세운 바 있다.

전선이 교착상태로 들어가면서 심리전은 무력과 병행된 본격적인 작전으로 감행되었다. 미 극동군사령부에 배속된 '제1라디오 및 선전단'과 '선전중대 및 확성기중대'가 새로이 한국전선에 참가해서 맹위를 떨쳤다.

6·25전쟁에서 심리전은 기아와 공포에 허덕인 북한군에게는 패전의식을 증폭시키고, 국군에게는 전의를 고취시키는 성과를 거두었다. UN군과 국군이 심리전에 활용한 매체와 주요 심리전 사례는 다음과 같다.

확성기 방송심리전

확성기 방송은 차량, 전차, 헬기, 수송기 등으로 대내 및 대적심리전 방송을 전개하는 것을 말한다. 6·25전쟁에서 실제 확성기를 이용한 대표적인 방송작전 성공사례는 다음과 같다.

　1950년 10월 11일, F-51 5대와 T6 정찰기 1대가 엄호하는 공중방송기 C47는 평양 북방 약 40마일 지점에서 적군이 탑승한 20대의 군용 트럭이 북한의 안주 방면으로 도주 중인 것을 발견하고 즉시 방송을 시작하여 "만약 남쪽으로 차 머리를 돌리지 않으면 전투기로부터 공격을 면치 못하리라."라고 경고하니 비행기를 적군은 보고 명령대로 남하하였다.

낙동강 방어선의 확성기 방송(1950년 8월)과 공중 확성기 방송(1951년 6월)

전단 심리전

전단은 주로 고무풍선이나 대포 또는 비행기로 살포되었다. 6·25전쟁 당시 UN군과 국군은 동경과 서울에서 전단을 인쇄하여 하루 평균 200만 장, 휴전시까지 약 25억 장의 대적 전단을 살포하였다. 전단작전 실제 성공사례는 다음과 같다.

1950년 9월 15일, 인천상륙작전이 성공하자 UN군은 10일 후 13대의 B-29 항공기로 다량의 항복전단을 살포했다. 그 결과 서울 인근에서 104명의 북한군이 각각 전단을 소지한 채 항복했다. 포로 중 북한군 최고위급 장교인 13사단의 참모장은 "전단을 통해서 인천상륙작전에 대해 알았으며, 북한에 승산이 없을 것으로 결론을 내리고 항복했다."라고 진술했다.

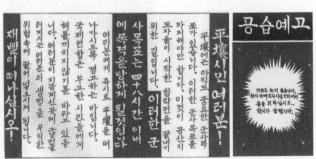
효과적이었던 공습예보 전단

항공전단살포탄에 전단을 장전하는 모습과 전단살포 장면

살포된 안전보장 증명서와 귀순요령을 설명한 항복전단

시청각 심리전

라디오 방송은 장거리용 심리전 수단이다. 6·25전쟁에는
방송장비나 시설이 발달하지 못했기 때문에 많은 장애 요소

가 있었다. 심리전 라디오 방송은 단파방송이었는데, 국내에서 방송하거나 샌프란시스코의 방송이 동경을 거쳐 서울로 중계되어 좀 더 광범위한 청취자를 획득하는 수단으로 사용되었다. 방송은 주로 적의 권력층이나 부유층이 수신할 수 있었다.

영화는 시청각 심리전 수단으로 수복지구나 점령지역 주민과 포로들에게 효과를 발휘하였다. TV 방송은 아주 유용한 심리전 매체지만 6·25전쟁에는 사용하지 못했다.

대내 심리전

대내 심리전은 아군의 사기고취와 국민의 작전협조 등을 주제로 인쇄 간행물 발간, 위문공연, 군가 보급, 군악 연주 등을 전개하였다.

미국위문협회의 위문공연(1951년 6월)과 제1군단 군악대 위문공연(1951년 9월)

물품 살포와 성적 심리를 자극하는 전단을 살포한 심리전

물품 살포는 UN기와 태극기가 그려져 있는 고무주머니와 장기판에 마크를 새긴 것 등이 살포되었다. 성적 자극을 통한 심리전은 적군과 아군이 서로 사용했으나 동양적인 사고방식으로 난잡한 성 사진을 쓰지는 않았고 옷을 입은 미인 사진만을 사용했으며, 실제 포로로 잡힌 중공군은 이러한 전단을 휴대하고 있었다.

북한군의 심리전

북한군 역시 다양한 매체와 방법으로 심리전을 전개하였다. 김일성은 1950년 6월 25일 새벽 4시에 기습적으로 남침하여 남한 정부와 국민을 일거에 마비시키고 파죽지세로 낙동강 방어선까지 공격하여 대한민국을 풍전등화의 위기로 몰았다. 김일성은 남침개시 전부터 대내외에 전략 심리전을 전개하여 '남한 북침설'을 주민에게 선전·선동하면서 대남 적개심을 고취시켰다. 또한 이와 병행하여 한국 민족진영의 지도자 조만식 선생과 공산당 간첩 이주하, 김삼룡의 교환문제 제의와 '남북 국회에 의한 통일정부 수립방안 제안' 등 기습남침 5일 전까지 각종 위장평화공세를 전개하면서 남한 정부와 국민을 기만하고 대적경계심을 이완시켰다. 또한 대남 혁

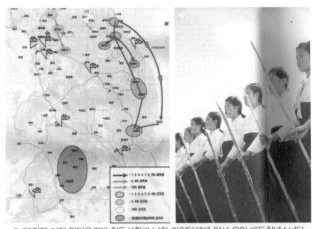

6·25전쟁 이전 인민유격대 침투상황과 남한 좌익단체에 맞선 우익 대동청년소녀단

명 게릴라 요원 2,400여 명을 남한으로 침투시켜 남한에서 활동 중인 좌익세력과 연계하여 사회혼란 조성, 군내 반란선동 등 후방지역을 교란하고 제2전선을 형성하였다.

북한이 6·25전쟁에서 가장 많이 사용한 심리전 수단은 전단이었다. 확인된 대남 심리전 전단은 367종 약 3억 여 장이었으며, 제공권 상실로 인해 주로 포탄을 통해 살포하였고, 방어진지에서 이탈시 전단을 놓고 떠나거나 아군 진지로 침투하여 전단을 살포하였다.

북한군은 전선에서 확성기 방송은 거의 하지 않았고, 대내 및 선무심리전에 기동확성기를 이용하여 가두방송을 하였다. 또한 전단과 방송 외 전술부대 운용과 연계하는 심리

북한군이 염군사상을 유도하기 위해 살포한 전단

염전의식과 반미, 반군갈등 조장하기 위해 살포한 만화형 전단

전을 전개하여 전투력 승수효과를 극대화하려고 다음과 같은 심리전을 전개하였다.

첫째, 중공군이 근거리 지휘통신수단으로 사용했던 피리 소리를 심리전으로 이용하여 아군에 향수심과 혼란 및 공포심을 조장하였다.

둘째, 공격할 때는 북과 꽹과리와 함성을 사용하였으며, 야간에는 아군 숙영지를 대상으로 차량 서치라이트와 비행기 소리, 폭음 등 다양한 시청각 매체를 동원하여 수면방해와 공포심을 자극하였다.

셋째, 중공군은 아군진지 방어병력에 졸음을 유도하고 배고픔을 느끼게 하려고 볶은 콩기름 냄새를 바람에 날려 보냈다. 그러나 기상 상태가 좋지 못했고 의식주 또한 상대적으로 아군이 우세했기 때문에 효과는 반감되었다. 한편 중공군은 횃불로 아군의 전황판단을 기만하는 심리전도 실시하였다.

넷째, 포로를 세뇌시키고 강요하여 미군이 세균전을 전개하였다고 허위자백도록 하였고, 포로를 가두선전 선동요원으로 이용하는 심리전도 전개하였다.

이와 같은 심리전을 북한군은 '적군와해 사업', 중공군은 '함화공작'이라고 하였다.

공격 당시 시청각 심리전과 포로를 활용한 가두시위 심리전

북한군 적군와해 공작 지령과 중공군의 함화 공작 지침

걸프전쟁과 심리전

걸프전쟁은 1990년 8월 2일 새벽 2시에 이라크가 쿠웨이트를 무력 침공함으로써 시작되었다. 이라크전쟁은 정치·군사적 목표 달성을 위해 가용한 심리전 자산이 최대로 동원되었을 뿐만 아니라, 대내 및 대외 심리전을 전개하여 무형전투력을 극대화한 주요 전쟁 사례다.

미국의 심리전

미국은 제4심리전단의 지원으로 다음과 같은 대내·대외 심리전을 수행하였다.

첫째, 대내 심리전으로 걸프전쟁을 '정의의 전쟁'이라고 규정하였으며, 미국인의 전쟁 부적(符籍)인 '황색 리본' 달기 운동을 전개하여 사전에 반전여론에 대한 마찰을 해소했다. 또한 21세기를 향한 새로운 국제질서 재편과정에서 세계 1등 국가로서 미국이 지배하는 평화(Pax-Americana) 구축의 필요성을 인식게 하여 미국인의 자존심을 고취했으며, 월남전쟁 이후 미국인에게 안겨준 굴욕감 해소를 위한 좋은 기회로 활용하였다.

둘째, 동맹국을 포함한 대외 심리전으로써 UN를 활용하여 국지적 분쟁에 대한 미국의 관리능력 및 세계적 리더십을 과시하였다. 또한 영국과 프랑스 등 서방국가들을 참전시켜 공동의 이익에 관련된 지역에 대한 정치·군사력 방어의 당위성과 신뢰성을 확보했다. 그리고 소련의 휴전안을 거부함으로써 소련에 대해 우위의 입장에 섰으며, 미국이 유일한 초강대국이라는 인식을 고취했다.

셋째, 이라크에 대한 대적 심리전으로 후세인을 '아랍의 히틀러' '바그다드의 백정' 등 악마의 화신으로 묘사하여 정통수권자로서의 리더십을 약화시켰고, 아랍민족주의 영웅으로 추앙된 후세인이 일찍이 "아랍인이 아랍인에게 총부리를 겨눈 전쟁은 없었다."라고 말한 사실을 주지시킴으로써 후세인 비판여론이 일어나게 하였다. 후세인의 '과대망상증'과 '무모한 고집'으로 전쟁을 피할 기회를 놓치고, 이라크를 초토화시킨 역사적 과오를 범한 범죄자로 인식시킴으로써 후세인 제거를 위한 심리전을 전개하였다.

넷째, 다양한 전술적 운용수단과 연계하여 기만 심리전을 전개하였다.

1991년 1월, 텍사스 달라스에 있는 245심리작전 중대의 작전장교인 제임스 리처드슨(Janes Richardson) 대위는 경기갑 장비(Light Armored Vehicles) 소리때문에 적에게 쉽게 공격받는다는 정보를 입수한 후 시동 소리, 멈추는 소리,

움직이는 소리와 기계적인 결함으로 발생하는 소리까지 녹음하였다. 그날 저녁, 확성기 방송팀은 국경지대에서 녹음된 테이프를 작동시킨 후 곧바로 빠져나가 안전한 지역으로 피신하였다. 그러자 이라크 포병은 로켓 무기를 그 지역에 집중적으로 쏟아 부었다. 미 합동군은 이를 통해 이라크 부대의 위치를 알아낼 수 있었고, 공군과 합동 포병부대에 위치를 알려주어 적을 효과적으로 공격하였다. 그 결과 이라크 25개의 로켓시스템, 2개의 라디오 방송 기지, 1개의 차량 호위대를 파괴할 수 있었다.

이라크의 심리전

미국의 '정의의 전쟁'에 대응하여 이라크는 걸프전쟁을 '성전'이라고 명명하면서 반미 선동과 이슬람 단합에 주안을 둔 심리전을 전개하였다.

1979년, 사담 후세인이 등장한 이후 이라크는 세계 4위의 군사력으로 주변 아랍국가에게 미국 등 서방 제국주의 세력을 몰아내고 중동지역에 아랍민족의 '천 년 왕국설'을 건설할 것을 제창하였다. 그리고 쿠웨이트—요르단—사우디아라비아까지 합병하여 거대한 아랍제국건설 야망을 실현시키기 위해 다음과 같은 심리전을 전개했다.

첫째, 대내 심리전으로 걸프전쟁의 성격을 제국주의자들,

시온주의자들, 그리고 타락한 아랍원리주의자들에 의해 촉발된 전쟁으로 '성전'이라고 규정하여 합리화시켰다. 걸프전쟁에서 완패하여 철수 명령을 내리면서도 "승리를 외쳐라. 오, 형제들이여!" "신의 도움으로 얻은 승리는 달콤하다."라고 선전하면서 쿠웨이트 철군을 군사적 패배가 아니라 '신의 뜻'으로 미화시켰다. 또한 48시간 이내 휴전회담 개최 제의를 받아들이면서도 "용맹스러운 공화국 수비대가 다국적군을 격퇴했다."라고 주장하는 등 대내 심리전을 전개하였지만 결과와 행동이 뒤따르지 않았기에 심리전 효과는 미미하였다.

둘째, '미국과 다국적군의 무차별 폭격으로 천 년 문화의 퇴고' '2,000억 달러 이상의 손실' '30만 명의 사상자 발생' 등 대외 심리전을 펼쳐 반미 여론 형성에 주력하였다. 또한 후세인을 세계 32개국의 연합공격에 굴복하지 않은 영웅으로 선전하였고, 전체 아랍민족의 단결과 성전 참가를 독려했다. 서방 외세를 물리쳐 손상된 아랍민족의 긍지를 회복시켜 줄 인물은 후세인 밖에 없고, 후세인은 아랍민족의 영웅이며, 상징이라는 후세인의 전쟁지도 당위성을 부각시키는 데도 주력했다.

걸프전쟁은 '최초의 TV 실황중계 심리전 전쟁'이었으며, 스텔스기 폭격 등 전략적 운용을 심리전과 연계시켜 이라크의 전쟁 수행 마비효과를 달성한 전쟁이었다. 특히 걸프전

걸프전쟁부터 운용된 심리전용 항공기인 코만도솔로

쟁은 국제 매스컴이 참여한 세계 최초의 심리전으로 국민의
지와 여론의 전쟁이었으며, 심리전용 항공기인 코만도솔로
(Commando-Solo)을 이용하여 정보전 및 전자전과 연계한 통
합심리전 성공 사례다.

코소보전쟁과 심리전

코소보전쟁은 알바니아계 주민에 대한 세르비아의 무자비한 '인종청소'를 종식시키기 위해서 1999년 3월 24일 미국을 주축으로 한 북대서양조약기구(NATO)가 유고슬라비아를 공습함으로 시작되었으며, UN이 마련한 G-8 평화안을 유고슬라비아가 수용함으로써 78일 만에 종료되었다. 과거의 전쟁은 대부분 주변 국가나 국제사회 여론보다는 힘의 논리에 의한 밀어 붙이기 식의 양상이었다. 그러나 코소보전쟁은 주변 국가나 국제 사회의 여론을 자국에 유리하게 조성하는 형태로 바뀌었으며, 이러한 목적을 달성하는 데 활용되었던 수단이 심리전이었다.

NATO는 유고슬라비아에 대하여 필패의식을 부여하고 지도부와 주민을 이간시키며, 국제사회에 유고슬라비아 응징의 당위성을 부각하는 데 집중하였다. 반면에 유고슬라비아는 미국과 NATO의 공습 명분을 희석시키고 참전국가 내부의 반전여론을 확산시키는 데 중점을 두었다.

그리고 상대측 행동을 이용한 공보활동도 활발히 전개하였다. NATO는 유고슬라비아의 '인종청소' 장면을 영국의 BBC, 미국의 ABC, 인터넷 등으로 보도하여 국제적으로 '응징의 당위성'을 확보하려 했다. 반면에 유고슬라비아는

NATO의 오폭으로 인한 인명피해 상황을 집중 방영하여 국제사회의 반전여론을 유도하고 상대측의 행동을 반인륜적 행위로 부각시키려고 노력하였다.

코소보전쟁에서는 인터넷 활용 같은 매체의 혁신적 발전이 있었다. NATO가 활용했던 심리전 자산은 보스니아에서 활동하던 미 제4심리전단 소속의 1개 대대가 투입되었고, 코만도솔로 1대가 투입되어 라디오 방송을 수행했으며, 기간 중 수천만 장의 전단이 살포되었다. 반면에 유고슬라비아는 전쟁 초기에 해커에 의한 NATO 인터넷 피습으로 일시적 혼란을 유발시키는 등 사이버전을 수행하기도 했다.

코소보전쟁은 전쟁환경의 유리한 여건조성, 종전 후 민심수습, 국제적 여론 조성수단으로 심리전의 중요성을 입증하는 계기였으며, 전문적인 해커 운용은 물론 국내 여론 결집 수단으로써 인터넷을 운용했다는 것과 공보심리전을 통한 국제적인 지지를 획득했다는 특징이 있다.

아프간전쟁에서의 심리전

아프간전쟁은 911 테러가 배경이었다. 아프가니스탄의 탈레반 정권이 '빈 라덴 인도와 알 카에다 조직의 제거'를 거부한 데 대해 2001년 10월 7일 미국은 군사적 응징보복 차원에서 탈레반의 주요 군사시설 등 전략표적에 대한 항공작전을 실행하였다. 미국은 전쟁의 목적을 광범위하고 지속적인 군사작전을 통하여 테러범과 비호국가에 대한 군사적 응징 보복과 향후 범세계적 대테러전 공조체제를 구축하고, 테러집단의 은신처를 원천적으로 제거하는 데 두었다.

미국은 아프간전쟁에서 탈레반 정권과 국민 분리를 통한 탈레반 지지기반 약화, 문명충돌(기독교 대 이슬람) 방지, 미국을 비롯한 연합군에 대한 적개심 약화에 심리전 목표를 두고 심리전을 전개하였다. 이를 위하여 탈레반 정권의 폭정, 억압, 인권유린 등과 문명충돌 방지를 위해서 아프가니스탄을 비롯한 중동과 서남아시아 지역 21개 국가에 대하여 방송작전을 수행하고, 미국과 연합군의 공격표적은 테러리스트와 위정자임을 부각시키는 데 중점을 두었다.

반면 아프가니스탄은 이슬람 국가들의 지원, 반전의식 확산에 심리전 목표를 두었으며, 이를 위하여 알 자지라 방송과 인터넷 웹사이트를 통해 전 세계 이슬람교도의 단결을 촉구하고, 미국의 민간인 거주 지역 폭격현장을 공개함으로써 민간인 피해를 부각시키는 데 중점을 두었다.

아프가니스탄은 심리전 자산의 부재로 위성방송인 '알 자지라' 방송을 활용하였다. 빈 라덴은 10월 7일 미군의 공습 직후 녹화 테이프를 알 자지라 방송에 송부하여 전 이슬람

권의 대미 성전(지하드)을 촉구하였으며, 탈레반의 '오마드' 지도자도 BBC 방송과 미국의 소리 방송 웹사이트를 통해 전 세계 이슬람교도의 단결을 촉구하는 심리전을 전개하였다.

아프간전쟁에서 미국은 테러에 대한 응징보복이란 국제적인 지지를 획득하였고, 인도적 지원으로 아프가니스탄 국민이 미국에 대해 갖고 있던 이미지를 변화시키는 데 성공하였다. 또한 탈레반의 분열을 유도하여 아프가니스탄 국민이 미군작전을 지원토록 유도하였으며, 모든 심리전 자산을 통합 운용하여 효과를 극대화시켰다.

아프간전쟁에서는 아프가니스탄 국민의 수준에 맞지 않는 비현실적인 심리전도 있었지만, 인도적 구호작전과 병행한 심리전이 효과를 극대화시킬 수 있다는 것을 확인하였으며, 코만도솔로 등 첨단 심리전 수행 전력의 중요성이 부각되었다.

이라크전쟁과 심리전

이라크전쟁은 미국과 영국 연합군에 의하여 2003년 3월 20일 후세인을 제거하는 데 목표를 두고 개전되었다. 이라크전쟁 발발의 직접적인 이유는 911테러로 인해 미국이 '테러와의 전쟁'을 선포하며 이라크에 무장해제를 요구한 것과 대량살상무기(WMD) 확산국가와 테러리스트가 연결되는 것을 차단하기 위함이었다. 간접적인 이유는 미국이 중동지역 패권을 장악하고 이라크 석유개발권을 획득하는 것이었다. 이후 전쟁은 '충격과 공포(Shock & Awe)작전'[17]으로 이라크군 지휘부, 대량살상무기 시설, 방공망 등 전략목표를 정밀유도무기를 사용하여 공습하며 적의 전의를 심리적으로 무력화하였으며, 4월 5일부터는 '결정적 전투' 작전으로 이라크의 수도 바그다드를 점령하였다. 4월 10일부터는 티그리스강에 인접한 후세인의 고향인 티크리트를 장악, 4월 12일 미국의 부시 대통령이 후세인 정권 종식을 선언함으로써 전쟁은 종결되었다. 미국의 이라크전쟁 성공 요인은 여러 가지가 있지만, 공세적인 심리전을 수행하여 이라크 국민과 군의 항전의지를 저하시키고, 전장이탈 및 민심이반을 유도하는 심리전 효과에서 비롯되었다.

미군의 심리전

미국은 국제연합의 지지를 받지 못한 상황에서 이라크를 선제공격했다. 따라서 미국의 심리전은 이라크전쟁을 대량살상무기 및 테러위협을 제거하는 정의의 전쟁으로 부각시켜 국제적 지지를 획득하기 위하여 노력하였다. 미국은 적대국의 문화를 연구하여 미군들에게 숙지하게 하였다. 그 내용을 보면 '어린이를 사랑하고, 노인을 존경하라' '이라크 여인의

미군의 차량 및 헬기 확성기 방송 장면

미군의 헬기와 차량으로 전단을 살포하는 장면

항공기에 부착하여 투하되는 M-129와 전단 장전 장면

눈은 절대로 바라보지 마라' '이슬람 문화를 존중하라' '이슬람 사원 출입 시 예절을 표하라' 등이며 미군의 언행은 심리전과 직결된다는 것을 교육하였다. 미국은 심리전을 포함한 모든 가용 수단을 총동원하여 후세인을 제거하기 위해 후세인과 국민 분리 심리전을 실시하였다. 미국은 이라크 지도부 내의 지휘통제체계를 마비시키고 저항을 약화시키기 위한 심리전에도 목표를 두었다. 미국은 첨단 심리전 능력과 정보화 자산으로 이라크를 압도하면서 방송매체를 무력화시킴은 물론, 방송매체를 활용하여 심리전을 전개하는 등 통합미디어 심리전을 전개하였다.

미국은 대통령, 국무장관, 군 지휘관 등 주요 인사들이 방송에 출현하여 사실과 진실에 입각하여 신속하게 전쟁 상황을 발표하고 "이라크군이 명예롭게 항복하도록 비밀리에 이라크 측과 협상하고 있다."라는 심리전을 실시하였다. 또한 알 자지라 방송에 대한 미국인의 스팸메일 공격을 유도하였으며, 시간과 장소를 언급한 다량의 폭격 계획을 방송하여 "주민들은 대피하고 군인들은 투항하라."라는 인본주의적 이벤트 작전으로 국내외 반전 여론을 최소화하였다.

미국은 국제적 반전·반미여론을 잠재우기 위해 인간 방패와 민간인, 주요 기간시설에 대한 폭격을 배제하였고, 독일, 프랑스, 러시아의 반전 여론에 대하여 '배은 망덕론'과 '연합국 의리론'을 부각시켰다. 매스미디어에 대한 대응으로 '알 자지라 방송이 후세인에게 자금을 지원하였다.'라는 유언비어를 퍼뜨려 알 자지라 방송의 불공정성을 부각시켰다. 아래 내용은 미군이 이라크전쟁에서 성공한 심리전 사례다.

2003년 3월 26일, 미군 중부사령부 대변인 방송 브리핑(CNN TV)에서 공습의 정확성을 강조하면서 연합군 특수작전부대들이 공습을 통해 공격대상 목표물들을 공격할 수 있도록 지속적으로 협조하고 있다고 언급하였으며, 지상군의 활동에 대해서는 지난 24시간 동안 나자프 외곽 남서지역에서 약 3시간에서 4시간 동안 교전이 발생했으며, 미 제5군단이 이라크군에게 큰 타격을 입혔다고 밝혔다. 또한 2003년 3월 27일, 미군 중부 사령부 '빈센트 브룩스' 연합작전의 사례 방송(CNN TV)에서는 "바그다드시에 위치한 이라크 정보본부 시설이 기도원, 학교와 1블록 거리에 위치해 있었으나 정보본부 시설만 공습하여 파괴했다."라며 작전의 정밀성을 선전하였다. 방송을 통해 연합군 무기의 정확성과 파괴력을 선전함으로써 이라크군의 전의상실과 전장공황을 유도하였으며 투항자가 늘어났다.

다음은 미군의 선동 심리전 사례다.

2003년 3월 16일, 미군 중부사령부는 라디오 방송을 통해 "후세인이 하루에 자신을 위해 사용한 돈이 한 가정을 1년간 충분히 먹여 살리고도 남을 정도다. 이 부패한 정권이 언제까지 이라크 국민을 착취하고 억압하도록 놔둘 것

'오일 및 산업시설을 파괴하지 마라' '지금 집으로 가서 자녀를 돌봐라'라는 선전

인가!"라며 궐기를 촉구하였다. 또한 "이라크 국민과 반체제 단체가 후세인 정권을 붕괴하기 위한 조짐이 보인다."라는 유언비어를 유포하였다. 그 결과 바스라에서는 주민의 일부가 후세인 이라크 정부에 대항하여 봉기했으며, 지역주민이 연합군을 돕기도 했다.

이라크의 심리전

이라크는 심리전 수행을 위한 별도의 부대 활동이 제한되어 주로 공영방송과 항공기를 활용한 전단 살포작전을 이용했다. 방송은 대부분 알 자지라 방송을 활용하였으며 다음과 같은 심리전을 전개하였다.

첫째, 이라크는 미·영 연합군의 공격에 대하여 이라크군

미군이 트럼프 카드 형태로 제작한 이라크 지도부 수배 전단

과 국민은 결사 항전할 것이며, 성전(지하드)분위기를 확산하고 아랍권 국가들이 단결해야 한다는 것, 반미·반전 여론을 조성하는 것에 주안을 두었다.

둘째, 공작 심리전으로 반미·반전 여론 조성하는 것이다. 이라크는 각국의 인간방패 참여 성명 등으로 세계적 관심을 유도하고, 국가 기간 산업시설을 파괴하고 희생자 발생을 유도하는 등 인간방패 활동을 유도하였으며, 전쟁의 참상과 미군의 잔학성을 아랍 언론으로 집중보도하였다.

셋째, 이라크는 연합군의 공보화 심리전에 즉각 대응함은 물론 기만 심리전을 수행하였으며, 주요 전황보도로 이라크 국민과 이라크군의 결사항전 의지를 유도하였다.

넷째, 미디어를 활용하여 심리전 효과를 확산시켰다. 이라크는 자국의 심리전매체 활용이 제한됨에 따라 알 자지라 방송을 활용하여 반전여론을 조성하고 성전 참여를 촉구하였으며, 특히 서방기자들을 전투지역에서 근접 취재하여 현장감을 제고하고, 친 이라크적 보도로 아랍국가의 단결을 유도하였다. 또한 외국인 기자들을 초청하여 이라크의 피해상황을 호도하였다.

다음은 이라크가 전개한 미국의 방송에 대한 역선전 심리전이다.

2003년 3월 22일 미 백악관 관계자는 지난 21일 이라크 제 51보병 사단장을 포함한 바스라 부시장 및 8,000여 명의 군 병력이 이라크 남부에 위치한 미 해병대에 투항했다고 발표했으며, 바스라가 이미 함락된 것처럼 주요 외신들을 이용하여 선전하였다. 2003년 3월 22일, 이라크 국방장관은 알 자지라 방송을 통하여 이 같은 사실을 즉각 부인했으며, 알 하셰미 사단장도 알 자지라 방송에 직접 출연해

후세인 건재함을 과시하고, 미군헬기를 격추시켰다는 전의고취 심리전

바스라를 사수하고 있다고 밝힘으로써 미국의 선전 효과를 최소화하였으며 이라크 국민 및 군인들의 결사항전 의지를 고취시켰다.

다음은 이라크의 이스라엘 미사일 폭격 날조 심리전이다.

2003년 3월 23일, 러시아 주재 이라크 대사는 이스라엘제 미사일에 폭격을 당해 바그다드가 피해를 입었다고 주장하였으며, 이라크 정부가 바그다드에 발사된 미사일의 잔해를 통해 이와 같은 사실을 확인했다고 전하였다. 이라크는 이를 계기로 아랍권 국가들에 대하여 대미 성전을 선동하였다. 그 결과 인근 아랍국가에 거주하던 6,000여 명의 이라크인들이 귀국하여 참전하였고, 레바논의 이슬람교 시아파 무장세력인 헤즈볼라 2,500명, 알제리인 700여 명, 시리아인 수백 명 등이 참전하였다.

이라크전장의 심리전 성패 요인과 심리전 교훈

미국은 대내 심리전으로 미국 내 이라크전쟁 지지율이 71%로 상승하였고, 전쟁지도부의 확고한 전승 의지와 철저한 대상 분석으로 후세인과 주민 분리 및 지도부 내분을 조장하였다. 또한 첨단 심리전 장비와 다양한 매체를 이용한 공보화 및 정보화 심리전을 실시하였고, 인도주의적 구호작전을 병행한 심리전 전개로 연합군을 해방군으로 인식하도록 유도하여 이라크 국민의 반감을 방지하는 성과를 거두었다.

반면에 대외 심리전을 소극적으로 전개함으로써 이라크 침공의 명분을 획득하지 못하였고, 조기에 언론을 장악하지 못했으며, 국제적 반미·반전 여론을 조기에 불식시키지 못했다.

이라크의 심리전은 국제사회의 반미·반전 여론을 주도하였고, 후세인의 대국민 담화로 개전 초 전의를 고양시켰으며, 미국의 공보화 심리전에 적절하게 대응하였으며, 아랍계 방송을 잘 활용했다. 그러나 아랍권 국가들의 지원획득 실패와 진실을 무시한 과대 선전, 후세인의 리더십 부재, 심리전 전력과 전문성 부족으로 인해 심리전 성과를 극대화하지 못했다.

이라크전쟁은 현대전에서 심리전의 중요성이 다시 한 번 입증된 사례다. 첫째, 심리전 매체와 민사작전, 특수전 기능을 통합하여 심리전 효과를 극대화시켰다. 둘째로 미국 대통령, 국방부 장관 등 주요 인사가 방송에 출연하여 실시간으로 전황을 브리핑하여 심리전 파급효과를 제고시켰으며, 공보화 심리전이 한층 더 발전되었다. 셋째, 이메일이나 휴대전화 등이 정보화 심리전의 새로운 매체로 등장하였다. 넷째, 상대국에 대한 문화특성 분석을 반영하는 심리전 전문가 양성의 중요성이 입증되었다.

전장심리와 심리전에 대한 새로운 인식

전장심리에 대한 새로운 인식: 전투지휘의 요체

전장에서 인간심리를 적절하게 통제하지 못하면 아무리 강력한 장비와 병력을 보유하고 있더라도 결코 전승을 보장하지 못한다. "전장의 적은 총검이 아니라 공포다."라는 말이 있다. 전장지휘는 전장이 지니는 제 특성뿐만 아니라 전장 속에서 반응하는 인간의 심리를 깊이 이해하는 데서부터 출발해야 한다.

먼저 전장에서는 정신적 요소가 물질적 요소를 압도한다는 것을 이해해야 한다. 전투행위의 주체자인 장병의 정신적 요소는 다른 물질적 수단을 지배한다. 아무리 훌륭한 물질적 수단을 가진 부대라 할지라도 그것을 사용하는 지휘관이나 병사들의 정신이 침체되어 있다면 전승을 기대하기 어려울 것이다. 일찍이 나폴레옹은 "전장에서 정신은 물질에 비해 3배의 가치를 지닌다."라는 금언을 하였고, 3:1이란 병력의 열세에도 불구하고 거의 모든 전투에서 승리하였다. 그러므로 유능한 지휘관은 바로 이와 같은 전장심리를 잘 이용할 줄 알아야 한다. 승자는 항상 전장심리를 잘 이해하고 극복할 수 있도록 훈련하고 육성하여 지휘함으로써 전투에 승리한다.

전투 지휘관은 전장에서 인간심리 현상을 간파해야 한다. 전장에서는 정신력이 결정적인 역할을 하기 때문에 지휘관은 완전한 인간이해의 기반 위에서 전투지휘를 행해야 한다. 제2차 세계대전 당시 미 육군참모총장이었던 조지 마샬 장군은 '전투지휘는 인간성을 다루는 기술'이라고 했다. 전장에서 인간성이 중요하다는 것은 영국의 와벨 장군(Archibald Wavell)의 「장군과 장군의 지휘」란 논문에서도 잘 나타났다. "나폴레옹이 명장으로서 위치를 획득할 수 있었던 것은 전쟁의 원칙이나 전략보다도 우선 전쟁 속의 인간본성을 깊이 이해했기 때문이다."라는 그의 말은 전쟁에서 인간본성을 꿰뚫어 보는 것이 전승에 얼마나 큰 영향을 주는지 알 수 있다.

그가 위대한 장군들을 일화에서 가장 가치 있게 느낀 것은 인간성의 문제였다. 전투의 승패여부는 지휘관이 전장에서 얼마나 부하들을 잘 이해하고 그들에게 승리에 대한 확신과 사기를 불러일으킬 수 있느냐에 달려 있다.

또한 전투 지휘관은 상대의 심리와 문화를 이해하고 전장을 주도할 수 있다. 걸프전쟁에서 미군은 이라크의 후세인을 경멸하는 내용을 전하려고 했으나 문화적 차이를 고려하지 못하는 실수를 범했다 당시 미국은 유럽과 미 대륙에서 모욕적 표현으로 사용되던 "just like Adolph Hitler"라는 용어로 후세인을 공격했다. 그런데 이라크인들의 입장에서 보면 히틀러는 그들이 오랫동안 싫어했던 이스라엘인(유대인)을 몰아냈고, 영국과 프랑스 같이 중동을 오랫동안 점령했던 나라들을 몰아낸 영웅적인 존재였던 것이다. 즉 후세인에게 히틀러라고 한 표현은 더할 나위 없는 찬사였으며 경의의 표현이 된 것이다.

미래전에서 심리전에 대한 새로운 인식: 미래전의 핵심전략

개별국가의 목표는 안전과 번영이다. 이를 달성하기 위한 하위 전략으로 정치전략, 경제전략, 안보전략 등 분야별 수행전략이 있다. 여기서 심리전은 제 분야별 전략을 수행하는 데 직접적으로 지원하거나 간접적으로 연계되어 구현할 수 있는 유리한 여건을 조성해 주는 기능이 있다. 여기서 안보전략의 목표는 전쟁억제다. 즉 손자가 강조한 '부전이굴인지병 선지선자(不戰而屈人之兵 善之善者)'의 싸우지 않고 이기는 부전승전략(不戰承戰略)이 최선이다. 대전략가인 클라우제비츠가 강조한 것처럼 "전쟁은 정치적 목적달성을 위한 수단"이기 때문에 만약 싸우더라도 최소 피해로 전승하는 전략이 요구된다. 이러한 요구에 불가피한 영역이 전쟁원인과 전장에서 인간심리를 다루는 심리전이다. 그래서 심리전은 전쟁사와 함께 해왔으며, 인류의 보편적 가치인 인명중시사상으로 말미암아 전쟁의 중심으로 부각되고 있다.

미래전에서는 대량파괴나 살상으로 전투나 작전에서 승리해도 결코 궁극적인 승리를 충족하지 못한다. 왜냐하면 전쟁은 정치목적을 달성하는 수단인데 대량파괴와 살상은 이런 목적에 부합하지 못하기 때문이다. 더군다나 인명중시사상도 점점 커지고 있다. 따라서 미래전을 준비하고 수행할 때는 반드시 최소피해로 전쟁 목적만 달성하는 마비전략, 즉 심리전이 불가피하다. 그래서 걸프전쟁과 이라크전쟁에서도 모든 전투무기는 핵심지도부나 공격하려는 표적만 파괴될 수 있도록 운용하여 공포와 마비효과를 달성하였으며 치열한 교전 없이 전투의 승패가 결정되었다. 그러나 이라크전쟁은 종결된 지 10여 년이 지났지만 아직까지 전쟁의 마무리 단계인 주민의 심리적 통일과 신뢰를 획득하지 못했다. 즉, 미군은 전쟁의 궁극적인 정치목적을 달성하지 못한 채 철수하였고, 그 결과 이라크는 내전이 계속되고 심리적 갈등과 마찰이 증폭되고 있다. 전쟁을 계획하고 전투를 수행함에 있어 인간심리를 이용한 최소피해전승과 인명중시사상이 우선적 고려사항이 되고 있다는 것은 미래전에서 심리전의 중요성을 대변해 주고 있다.

한반도 안보·통일전략으로써 심리전: 실효적인 접근방법

북한은 안보차원에서 적대적인 대상이지만 통일의 대상이기 때문에 민족동질성 회복과 민족번영이 궁극적인 목표라고 할 수 있다. 따라서 우리의 안보전략은 인간의 심리를 다루는 심리전으로 부전승전략과 최소피해 전승전략이 핵심이 되어야 한다. 북한은 적화통일과 유리한 정세 여건을 조성하기 위해 대량살상무기 개발에 주력하고 있고 사이버전, 게릴라전, 배합전 등 심리전략적 비대칭전을 준비하고 있다. 장차 한반도에 장차 전쟁이 일어난다면 민족끼리의 전쟁이고 통일 대상끼리의 전쟁이다. 따라서 심리전은 어느 전장보다 활발히 전개될 것이고, 또 심리전을 통해서 전쟁이 종결되거나 통일될 것이다.

북한은 '조선중앙방송' 등 오프라인 심리전 매체뿐만 아니라 사이버 공간 등 온라인에서도 다양하고 교묘하게 심리전을 전개하고 있다. 현재 북한이 직영하는 '구국의 전선' 등 7개의 사이트를 포함한 해외전위조직과 반한단체가 운영하는 수십 개의 사이트와 국내 친북 및 반군사이트 수백 개가 심리전 목적으로 운용되고 있다. 아울러 조직과 선전공작망을 통해 남남갈등, 반미의식, 종북세력 확장 등으로 통일전선을 형성하고 있으며, 최근에는 상업용 사이트로 위장하여 사이버 세뇌심리전을 전개하고 있다.

이러한 북한의 대남심리전 전개상황에 대해 방관하거나 소극적 자세로 일관하는 것은 북한의 대외 협상력과 정세 주도권을 넘겨주는 것이며, 나아가서 한반도 적화통일의 유리한 여건을 조성하게끔 도와주는 격이 된다. 북한의 심리전 전개에 대해서는 적극적으로 대응해야 한다. 이를 위해 먼저 북한의 대남심리전의 실체를 간파하여 오염을 차단하고, 공세적 대응전략 차원에서 우리가 주도적으로 대외심리전과 대북심리전을 전개해야 한다. 이러한 대남심리전 차단과 대북심리전 전개는 우리의 국가안보와 직결되는 생존의 문제임을 인식해야 할 것이다.

우리가 전개하려는 대북심리전은 군사적인 공세가 아니다.

다만 인본주의 관점에서 인간의 보편타당한 삶과 생활 편의를 위해 인간심리를 이용하는 것이며, 진실한 정보를 제공하는 것이다. 그럼에도 북한은 우리가 대북심리전에 대해 언급만 해도 각종 매체를 통해 민감한 반응을 나타내며 '조준격파' '원점타격' 엄포를 하였다. 이러한 반응은 무엇을 의미할까? 북한이 대북심리전을 체제생존에 가장 위협적인 요인으로 인식하고 있다는 것이다. 우리의 안보에 결정적인 위협이 되는 북의 핵과 미사일에는 대북심리전이 실질적이고 효과적인 대응조치고 전략적 접근방법이 될 수 있다. 대북심리전은 방법도 간단하며 예산도 들지 않는다. 준비된 대북방송 체계, 인적교류나 협력, 무역, 사이버 공간, 인쇄물, 휴대전화, 한류, 중국의 반북여론 비등과 네티즌을 활용하면 된다. 필요하다면 전방지역의 확성기 방송, 전광판, 전단 살포도 가능하다.

우리의 안보 및 통일전략으로, 북한의 대남도발과 심리전의 대응카드로 심리전은 적절하며 실효적인 전략임을 강조하면서 국가적 차원의 연구와 전략을 구상하여 전개해야 할 시점이라고 강조하고 싶다.

전쟁은 정치목적을 달성하는 수단으로써 상대의 의지를 굴복시키는 것이라 하였다. 그리고 전쟁을 일으키는 근원이 인간의 본성에서 출발하고 있으며, 전쟁수행도 전장의 특성에서 나타나는 인간심리를 이용하는 심리전이 핵심영역이라고 하였다. 한반도는 동일민족으로 분단된 상태다. 우리는 전쟁을 억제하고 평화통일을 이룩하여 대한민국의 항구적인 안보태세를 구축하고 민족의 번영을 추구해야 하는 목표가 있다. 이러한 목표를 구현하기 위해서는 부전승과 최소피해 전승전략으로써 심리전이 핵심전략이 될 수밖에 없다. 이러한 관점에서 심리전의 중요성을 재인식하고, 나아가서 심리전에 대한 연구와 실천노력이 배가 되어야 할 것이다.

주

1) Peter Paret, Understanding war, Essays on Clausewitz and the History of Millitary Power (Princeton, Princeton University Press, 1992), p.167.

2) 이윤규,『들리지 않던 총성 종이폭탄』, (서울, 지식더미, 2010), p.17에서 재인용.

3) 고준봉,『심리전략시론』, (서울, 고려서적주식회사, 1982), pp.234-240.

4) 이재윤,『군사심리학』, (서울, 집문당, 1995), pp.15-17

5) 육군본부,『전투스트레스』, (대전, 육군본부, 2012), p2.

6) 육군본부,『전투스트레스』, (대전, 육군 인쇄실, 2012), p.4.

7) 이재윤, 앞의 책, p.104.

8) 육군본부,『전장리더십』, (대전, 육군 인쇄실, 2011), pp.201-201.

9) 고인호, "지휘관과 전장심리"(서울, 군사문제연구원, 2011), p.26.

10) 이윤규, 앞의 책, p.27.

11) 국방대학권,『전투사료분석』, (서울, 국방대학원, 1994), pp.160-168.

12) 미 육군야전교범,『Combat & operational stress control』, (2006), pp.112-113.

13) 이재윤,『특수작전의 심리전 이해』.(서울: 집문당, 2000), pp.28-194

14) C. I. Hovland, Cognitive, and Affective Behavioral Components of Attitude(New Haven; Yale University Press, 1960), p.14

15) 심리전 사례분석은 이윤규의 『들리지 않던 총성 종이폭탄』(지식더미: 2011), 김명섭의 『심리작전수행방안 연구』(지상군연구소:2011), 조영갑의 『한국심리전략론』(팔목원, 1998), 안희윤의 『전쟁사에 나타난 심리전 사례연구』(군사문제연구소, 1997)에서 발췌하여 재정리하였음.

16) 납와전법(拉瓦戰法)은 일명 주머니 전법이라고 한다. 지휘관이 300~1,000명으로 형성된 선두 부대의 중앙에 위치하여 깃발신호나 호병신호로 산개된 적 선두 부대의 중앙을 향해 진격하여

은폐된 밀집지원 부대의 자루 속으로 들어가도록 대형을 변형시키고, 선두 부대의 양쪽 날개는 간격을 좁혀 밀집대형으로 하여 적을 팔방에서 공격하는 전법이다.

17) 충격과 공포(Shock & Awe) 작전: 예기치 못한 시간과 장소에서 전쟁을 개시하여 이라크군의 전투의지에 충격을 가하면서 심리적인 위축을 유발하고, 연속되는 공중타격으로 지휘통제체계를 파괴함으로써 마비효과를 달성하는 개념이다.

참고 문헌

고인호, 『지휘관과 전장심리』, 서울: 군사문제연구원, 2011.

고준봉, 『심리전략시론』, 서울: 고려서적주식회사, 1982.

국방부, 『戰爭의 背景과 原因』, 서울: 국방부, 2004.

권양주, 『정치과 전쟁』, 서울: 21세기군사연구소, 1995.

김명섭 외, 『심리작전 수행방안 연구』, 서울: 지상군연구소, 2011.

김진규, 『전장리더십』, 대전: 육군리더십 센터, 2011.

심진섭, 『심리전』, 서울: 학지사, 2012.

안희윤, 「전쟁사에 나타난 심리전 사례연구」, 서울: 군사문제연구소, 1997.

육군본부, 『심리전』, 대전 : 육군본부, 2007.

_____, 『전장리더십』, 대전 : 육군본부, 2011.

_____, 『전투스트레스』, 대전: 육군본부, 2012.

이광헌, 「전장심리에 관한 연구」, 국방대학원, 1980.

이윤규, 개정판 『들리지 않던 총성 종이폭탄』, 서울: 지식더미, 2010.

_____ 역, 『정치전과 심리작전』, 서울: 국방대학교, 2009

_____, 『보이지 않는 전쟁, 삐라』, 서울: 청계천문화원, 2010.

_____, 「북한의 대남 심리전 연구」, 경남대학교 박사학위논문, 2000.

이재윤, 『특수작전의 심리전 이해』, 서울: 집문당, 2000.

_____, 『심리전 이론과 실제』, 서울: 집문당, 2006.

_____, 『군사심리학』, 서울: 집문당, 1995.

정윤무, 『현대정치심리론』, 서울: 박영사, 1993.

조영갑, 『한국심리전략론』, 서울: 팔목원, 1998.

류제승 역, 카를 폰 클라우제비츠, 『전쟁론』, 서울: 책세상, 1998.

차재호, 『집단심리학』, 서울: 서울대학교 사회심리학연구실, 1999.

C. I. Hovland, Cognitive, and Affective Behavioral Components of Attitude(New Haven; Yale University Press, 1960.

Lerner Daniel, Psychological Warfare against NAZI Germany, Cambridge: The M.I.T. Press, 1971.

Linebarger, Paul M.A. Psychological Warfare. 2nd. ed. Washington: Combat Forces Press, 1954.

Peter Paret, Understanding war. Essays on Clausewitz and the History of Millitary Power, Princeton, Princeton University Press, 1992.

Qualter, T. H, Propaganda and Psychological Warfare, New York: Random House, 1962.

Stephen E. Peasce, PSYWAR: Psychological Warfare in Korea, 1950-1953, Whshington, D.C.: Stackple Books, 1992.

전쟁의 심리학

펴낸날	초판 1쇄 2013년 7월 19일

지은이	이윤규
펴낸이	심만수
펴낸곳	(주)살림출판사
출판등록	1989년 11월 1일 제9-210호

주소	경기도 파주시 문발동 522-1
전화	031-955-1350 팩스 031-624-1356
기획·편집	031-955-4662
홈페이지	http://www.sallimbooks.com
이메일	book@sallimbooks.com

ISBN	978-89-522-2704-1 04080

※ 값은 뒤표지에 있습니다.
※ 잘못 만들어진 책은 구입하신 서점에서 바꾸어 드립니다.

책임편집	박종훈

085 책과 세계

강유원(철학자)

책이라는 텍스트는 본래 세계라는 맥락에서 생겨났다. 인류가 남긴 고전의 중요성은 바로 우리가 가 볼 수 없는 세계를 글자라는 매개를 통해서 우리에게 생생하게 전해 주는 것이다. 이 책은 역사라는 시간과 지상이라고 하는 공간 속에 나타났던 텍스트를 통해 고전에 담겨진 사회와 사상을 드러내려 한다.

056 중국의 고구려사 왜곡　eBook

최광식(고려대 한국사학과 교수)

중국의 고구려사 왜곡의 숨은 의도와 논리, 그리고 우리의 대응 방안을 다뤘다. 저자는 동북공정이 국가 차원에서 진행되는 정치적 프로젝트임을 치밀하게 증언한다. 경제적 목적과 영토 확장의 이해관계 등이 복잡하게 얽혀 있는 동북공정의 진정한 배경에 대한 설명, 고구려의 역사적 정체성에 대한 문제, 고구려사 왜곡에 대한 우리의 대처방법 등이 소개된다.

291 프랑스 혁명　eBook

서정복(충남대 사학과 교수)

프랑스 혁명은 시민혁명의 모델이자 근대 시민국가 탄생의 상징이지만, 그 실상을 아는 사람은 많지 않다. 프랑스 혁명이 바스티유 습격 이전에 이미 시작되었으며, 자유와 평등 그리고 공화정의 꽃을 피기 위해 너무 많은 피를 흘렸고, 혁명의 과정에서 해방과 공포가 엇갈리고 있었다는 등의 이야기를 통해 프랑스 혁명의 실상을 소개한다.

139 신용하 교수의 독도 이야기　eBook

신용하(백범학술원 원장)

사학계의 원로이자 독도 관련 연구의 대가인 신용하 교수가 일본의 독도 영토 편입문제를 걱정하며 일반 독자가 읽기 쉽게 쓴 책. 저자는 역사적으로나 국제법상으로 실효적 점유상으로나, 어느 측면에서 보아도 독도는 명백하게 우리 땅이라고 주장하며 여러 가지 역사적인 자료를 제시한다.

144 페르시아 문화

신규섭(한국외대 연구교수)

인류 최초 문명의 뿌리에서 뻗어 나와 아랍을 넘어 중국, 인도와 파키스탄, 심지어 그리스에까지 흔적을 남긴 페르시아 문화에 대한 개론서. 이 책은 오랫동안 베일에 가려 있던 페르시아 문명을 소개하여 이슬람에 대한 편견과 오해를 바로 잡는다. 이태백이 이란계였다는 사실, 돈황과 서역, 이란의 현대 문화 등이 서술된다.

086 유럽왕실의 탄생

김현수(단국대 역사학과 교수)

인류에게 '예술과 문명' 그리고 '근대와 국가'라는 개념을 선사한 유럽왕실. 유럽왕실의 탄생배경과 그 정체성은 무엇인가? 이 책은 게르만의 한 종족인 프랑크족과 메로빙거 왕조, 프랑스의 카페 왕조, 독일의 작센 왕조, 잉글랜드의 웨섹스 왕조 등 수많은 왕조의 출현과 쇠퇴를 통해 유럽 역사의 변천을 소개한다.

016 이슬람 문화

이희수(한양대 문화인류학과 교수)

이슬람교와 무슬림의 삶, 테러와 팔레스타인 문제 등 이슬람 문화 전반을 다룬 책. 저자는 그들의 멋과 가치관을 흥미롭게 설명하면서 한편으로 오해와 편견에 사로잡혀 있던 시각의 일대 전환을 요구한다. 이슬람교와 기독교의 관계, 무슬림의 삶과 낭만, 이슬람 원리주의와 지하드의 실상, 팔레스타인 분할 과정 등의 내용이 소개된다.

100 여행 이야기

이진홍(한국외대 강사)

이 책은 여행의 본질 위를 '길거리의 철학자'처럼 편안하게 소요한다. 먼저 여행의 역사를 더듬어 봄으로써 여행이 어떻게 인류 역사의 형성과 같이해 왔는지를 생각하고, 다음으로 여행의 사회학적·심리학적 의미를 추적함으로써 여행에 어떤 의미를 부여할 것인가에 대해 말한다. 또한 우리의 내면과 여행의 관계 정의를 시도한다.

293 문화대혁명 중국 현대사의 트라우마

백승욱(중앙대 사회학과 교수)

중국의 문화대혁명은 한두 줄의 정부 공식 입장을 통해 정리될 수 없는 중대한 사건이다. 20세기 중국의 모든 모순은 사실 문화대혁명 시기에 집약되어 있다고 해도 과언이 아니다. 사회주의 시기의 국가·당·대중의 모순이라는 문제의 복판에서 문화대혁명을 다시 읽을 필요가 있는 지금, 이 책은 문화대혁명에 대한 안내자가 될 것이다.

174 정치의 원형을 찾아서

최자영(부산외국어대학교 HK교수)

인류가 걸어온 모든 정치체제들을 매우 짧은 기간 동안 시험하고 정비한 나라, 그리스. 이 책은 과두정, 민주정, 참주정 등 고대 그리스의 정치사를 추적하고, 정치가들의 파란만장한 일화 등을 소개하고 있다. 특히 이 책의 저자는 아테네인들이 추구했던 정치방법이 오늘 우리 사회가 당면한 문제를 해결할 수 있는 지혜의 발견에 도움을 줄 수 있을 것이라고 말한다.

420 위대한 도서관 건축순례

최정태(부산대학교 명예교수)

이 책은 도서관의 건축을 중심으로 다룬 일종의 기행문이다. 고대 도서관에서부터 21세기에 완공된 최첨단 도서관까지, 필자는 가능한 많은 도서관을 직접 찾아보려고 애썼다. 미처 방문하지 못한 도서관에 대해서는 문헌과 그림 등 가능한 많은 정보를 수집하려 노력했다. 필자의 단상들을 함께 읽는 동안 우리 사회에서 도서관이 차지하는 의미에 대해 다시 생각하게 된다.

421 아름다운 도서관 오디세이

최정태(부산대학교 명예교수)

이 책은 문헌정보학과에서 자료 조직을 공부하고 평생을 도서관에 몸담았던 한 도서관 애찬가의 고백이다. 필자는 퇴임 후 지금까지 도서관을 돌아다니면서 직접 보고 배운 것이 40여 년 동안 강단과 현장에서 보고 얻은 이야기보다 훨씬 많았다고 말한다. '세계 도서관 여행 가이드'라 불러도 손색없을 만큼 풍부하고 다채로운 내용이 이 한 권에 담겼다.

eBook 표시가 되어있는 도서는 전자책으로 구매가 가능합니다.

(주)살림출판사
www.sallimbooks.com
주소 경기도 파주시 문발동 522-1 | 전화 031-955-1350 | 팩스 031-955-1355